강은 후진하지 않는다

강은 후진하지 않는다

초판 1쇄 인쇄 2025년 11월 5일
초판 1쇄 발행 2025년 11월 7일
저　자　박규현
발행인　박지연
발행처　도서출판 도화
등　록　2013년 11월 19일 제2013-000124호
주　소　서울시 송파구 중대로34길 9-3
전　화　02) 3012-1030
팩　스　02) 3012-1031
전자우편　dohwa1030@daum.net
인　쇄　(주)유진보라
ISBN 979-11-24052-05-1 *03810
정가 12,000원

잘못 만들어진 책은 교환해 드립니다.
저자와 출판사의 허락 없이 책의 전부 또는 일부 내용을 사용할 수 없습니다.

도화道化, fool는
고정적인 질서에 대한 익살맞은 비판자,
고정화된 사고의 틀을 해체한다는 뜻입니다.

강은 후진하지 않는다

박규현 시집

작가의 말

비가 내리고 있었다
물은 어깨동무를 하고 흘렀다
지나간 연대 가끔 끄집어내어 강 어귀에 풀어놓았다
돛단배를 탄 기분이 꽤 쏠쏠했다
강은 후진하는 방법을 모르고 있었다
비가 수시로 내려 강둑이 자주 넘실거렸다
나의 강은 내의 수중에 있지 않았다
속수무책이었다
생각보다 유속이 꽤 빨랐다
유속을 느꼈을 때는 하류였다
나의 강은 하선을 독촉하지 않았다
나는 가고 있었다
낯선 어딘가로 끊임없이 흘러가고 있었다
동료들이 탄 배에서 검은 연기가 났다
한 줌의 재가 강에 뿌려졌다
강은 거부하는 법을 몰랐다
그렇게 강은 흘러 흘러 강가에 생채기를 남겼다
강의 생애는 무한하지 않았다

강은 다 알고 있으면서도 내색하지 않았다
신발을 갈아신고 갈아타는 것을 허용하지 않았다
잠시 배를 항구에 정박하고
돌아서서 지나온 먼 기슭의 슬픈 연대를 폐기했다.
바람 불고 물결 찰랑거려 가냘픈 생명을 느낀다
닻을 올리고 출항을 서두른다
살아야겠다

                                      2025년 가을 비산동에서

차례

1부

강 1~7 ·12

2부

나의 시간을 차압합니다 ·62

모든 것들은 음악 소리를 낸다 ·64

별 ·66

창가에 서서 ·68

강물이 흘러간다 ·69

그냥 곁에 있는 것만으로도 ·71

그리워 ·73

길 ·75

꽃 ·77

꽃으로 피라 ·78

나무와 새와 ·79

난쟁이 ·81

내 소녀 ·83

임 ·85

물을 뿌리고 나서 ·86

밤의 소묘 ·88

배 ·89

백두산 ·90

변방에 부는 바람 ·91
별 하나 외출한 자리 ·93
북풍 ·94
신탁구 교본 ·95
위험한 밥상 ·97
적요를 흔들면 고독이 울려온다 ·99
철조망 ·100
신화에게 ·102
어둠아, 어둠아! ·103
그런 나라 ·104

3부
5월의 노래 ·108
걸레 ·109
겨울나무에게 ·111
계단 ·114
귀향 ·116
길의 운율 ·118
눈을 깜박이는 이유 ·120
바랭이 ·122
밤의 변주 ·123
벽 타기 ·124

산1 ·125

산2 ·126

산3 ·128

산4 ·129

산5 ·131

산6 ·133

산7 ·135

산8 ·137

산9 ·139

산10 ·141

그림 ·143

이렇게 외면하고 길을 걷는 것은 ·145

전주에서 수원까지 ·147

지금은 촛불을 켤 때가 아니다 ·149

지날재 ·151

처방전 ·152

촛불 ·154

현대시 ·156

4부

1980년 ·160

겨울나무 ·162

공 ·164

길2 ·166

능선과 하늘 사이 ·168

다도해 ·170

비봉산에는 이상한 나라들이 있다 ·172

살아 있는 동안 ·174

새 터 가는 길 ·176

옥구슬들의 행진 ·178

육각기둥 ·180

지하철 노선도 ·182

진단서 ·184

참회록 ·186

창 ·188

칠봉이 ·190

품사론 ·192

피파 온라인3 ·195

홍수 ·197

돛단배 ·199

해설
서사와 서정의 절묘한 균형, 그리고 '강'과 '산' / 김재홍 ·201

강

1.

물오른 계절 생명의 날갯짓 물결로 출렁거렸지
바람결에 언뜻언뜻 묻어나는 지난겨울의 설경
설레는 가슴으로 꿈꾸었어
막연한 꿈이었어
산을 넘으면 큰길이 있을 거라고
소재지를 지나면 빌딩이 우거진 도시가 있을 거라고
너울거리는 아지랑이 사이로 보였어
어렴풋한 푸르른 그림이
여러 가지 풍경들을 호기심으로 동경했지
그건 가끔 먹는 간식으로 마음의 벤치에 여유를 주었어
강은 거기서 비롯되었어
묵방산 밑 미나리골을 나와
평사리천 둑에 걸터앉아 있으면 벌건 노을 위로
나의 강이 팔딱거리며 숨을 쉬었어

생동하는 계절

만물이 때를 만나 기운을 충전하는 시기

딱지치기, 낚시하기, 풀베기

계절의 한가운데에서 바쁘게 시간을 조각내었어

교과서와 전과는 윗목에 고이 모셔놓고

산으로 가면 산이 되고

강으로 가면 강이 되었어

고사리손으로 소 꼴을 베면 손바닥에 저항하는 풀들의 아우성

풀이 쌓여가는 부피만큼 고단한 무게로 다가왔어

바지게를 지고 내려오는 골짜기 오솔길에

흩날리는 아카시아 꽃잎들

그 사이로 사선을 긋는 산비둘기 울음

날개 치며 내지르는 상씨의 울음

내 영혼을 깨워

나는 없고 내만 있었으니

자연과 합일한 황홀한 연대
기억 속에서 수시로 환생했어

나는 가련다, 나의 봄으로
나는 노래하련다, 나의 봄을
오직 하나뿐인 나의 계절이므로
내가 나에게 남긴 유일한 나이므로
비록 작고 약한 날갯짓이었다고 할지라도
꿈에 불과한 작은 아우성일지라도
내 기억의 스펙트럼 속으로
나는 날아가련다
잃었던 나를 찾은 상봉의 장으로

초등학교에 가도 앞산 뒷산
집으로 돌아와도 앞산 뒷산
나는 산사람이 분명하오
나의 숨결과 외침과 노래가 산에 부딪쳐

메아리로 돌아오는 산동네
수시로 나의 귓가에 머무는 유년의 골짜기
소환된 작은 나가 페이지의 지면을 장악했어

순전히 타의에 의한 것이었어 나의 강은
달려가 보니까 학교였고
낚시를 던져보니까 나의 강이 거기 흐르고 있었어
유영하는 물고기의 형상으로
나의 강은 내가 살아있다는 오직 그것
그게 전부였어
부모 밑에서 그림자로 한들거리는 것
그게 내 선택의 전부였어
아지랑이 너울거리는 강가
나의 작은 돛단배는 물결을 가르며 앞으로 나아갔지

거친 숨결 턱을 치받고 더운 열기 목덜미를 달구었지
산을 넘으면 읍소재지가 있다고 그랬지

부푼 기대는 몸을 깃털처럼 가볍게 만들고
푸른 시간은 날아가는 화살이 되었어
매일 지날재에 뿌린 뜨거운 시간들
딸랑거렸던 필통 속 연필은 깊은 내력을 안고
빠르게 굴러 기억의 강으로 갔어

어머니 아버지의 손끝으로 흙을 다듬어 가꾼 터전
산중을 떠나 휘황한 도시를 향해 탈출을 꿈꾸었던 시간들
큰 꿈을 내세우고 밤낮없이 방정식을 풀면
일을 해야 밥 나온다며
거칠게 문을 걸어챘던 공격이
어린 마음에 생채기를 남기며
나의 의지는 차돌처럼 굳어갔지
소낭골을 오르내리던 바지게 위에서
나의 꿈은 불안하게 출렁거렸어
나는 속수무책으로 해가 지는 서산마루를

아주 슬픈 눈으로 바라보았어

그래도 포기할 수는 없는 거라고

이빨 사이에 지그시 작은 희망을 물고

그뿐이었어

나의 계절은

2.

거센 물살이 곤두박질치며 경쾌한 노래를 만들 때
강에 탑승해 물결과 함께 출렁거리며 흘러갔지
종착지를 망각하고
두근거림으로 경유지를 찾았지만
강 허리가 보이지 않아
자꾸만 허둥거렸어
학교에서 귀가할 때
대각선으로 등에 멘 책보 속에서
연필이 딸랑거리며 노래를 불러주었지만
나의 계절은 몹시 흐린 날씨였어
서울은 어디 있는지
도무지 감을 잡을 수 없었으니까
유속이 몹시 빠른데도 불구하고
늘 제자리 상류 계곡 평사리천을 벗어나지 못했으니까

비가 올 때마다 공동묘지에서 들리던 울음소리

중학생이던 나는
비애의 갈피에 슬픔이란 단어를 처음 저장했어
쉬는 시간 소나무 밑에서 영어 단어를 외우면
대신 상엿소리가 암기되고
나의 죽음이 막연한 불안으로 다가왔어
평사리천 물가에 앉아 낚시를 던져
나의 미래를 낚았지만
번번이 메기 아니면 쏘가리였지

달렸어!
오로지 꿈을 위하여
책 속에 길이 있다고 믿었던 시절
활자를 먹고 왕성해진 의욕을 앞세워
액셀러레이터를 힘주어 밟았지
매연은 생각지 않았어
도착지만을 상상했다니까
절실한 만큼 앞에 몰두해졌지

밤잠을 저당 잡히고 시간을 얻었어
어떤 대학에 가야 할지
취업을 선택해야 할지
궁색한 형편이 나를 방황의 늪으로 끌고 갔어
밤을 잊은 그대에게
뜬눈으로 긴 밤을 조각내며
상류 근처를 샅샅이 뒤졌지만
중류와 하류의 귀퉁이도 보이지 않았어
창에 어른거리는 달빛이 나를 조금 위로해 주었지
새벽이 오고 있다고
깊은 밤에도 평사리천은 출렁거리며 흘러간다고
중류를 향해

둥지는 따뜻했고 포근했어
밀어주고 당겨주며 함께 리어카를 끌고 가면
느티나무 위에서 들려오던 까치 소리
상류의 뜰은 설레는 기분으로 가득했어

잔고는 바닥이었지만
푸르름 속에서 마음은 넉넉했어
그렇지만 허전했어
공허했고 고독했어
이유는 없었어
산 넘어 산이었어
마을이 없었다니까
가슴이 답답하면 눈을 들어 먼 하늘을 응시했어
한 조각 푸르른 하늘을
그때 날개 날개를 상상했어
나는 양팔을 까불거리며 나는 시늉을 했지
나는 깨달았어
상류가 깊은 계곡이라는 사실을
벽이 눈앞에 있다는 현실을

새는 끊임없이 먹이를 물어왔어
새끼는 입을 벌리고 사랑을 받아먹었어

마을이 그림처럼 내려다보였어

다 자란 새끼는 마을 주위를 벗어나지 못했어

날 힘이 부족했고

마을 밖이 너무 험해 보였으니까

무엇보다 짹짹거리는 새의 가르침을 믿었으니까

당시 새의 가르침은 진리였고

세상의 전부였으니까

우선 다른 새의 지저귐을 알아들을 수 없었어

물론 믿을 수 없었지

강자가 지배하는 세상은 섬뜩했었으니까

새끼 새는 목이 마르면

상류 물가에 나와 상급수를 찍어 먹었지

물 한 모금 먹고 하늘 한 번 보고 이렇게

새끼 새의 뱃속에는 하늘이 가득했지

온 세상을 날아다닐 수 있을 것 같은 자신감은 이때 생겼어

  새끼 새는 물가에 앉아 마을 밖 아주 먼 산마루를 동

경했어
  뜻이 있는 곳에 길이 있다는 믿음도 그때 생겼고

  먼 나라
  꿈을 마음껏 펼칠 수 있는 곳
  질주하는 차량들이 동맥처럼 흐르는 곳
  시청 앞 분수대 앞에 앉아 담소를 나눌 그날
  넉넉한 미소를 주고받으며
  살아 있음의 환희를 느낄 그날
  내 노트에 기록해 놓았어
  작게 그리고 크게
  작게 외쳐보기도 했어
  내 생의 주제 나의 나라를
  비록 꿈에 불과하다고 할지라도
  세한된 능력이 내 빌을 묶고 있으므로
  이렇게밖에 할 수 없는 것을

3.

녹음이 우거진 숲에 있을 때 사랑하라
푸르름 가득한 숲을 찬양하라
초록 물결은 한 번이오니
지난 계절을 그리워하며 한숨짓지 말고
앞에 지나가는 푸른 바람을 안고 감동하라
여름날 뜨거운 태양 시원한 물줄기
흐르는 땀을 닦으며 감격하라
피부에 와닿는 신선한 촉감
생의 한 번 있는 경이로움일 수 있으니
나무는 땅을 향해 가지를 드리우고
언덕 위의 풀은 씨앗을 익히기에 분주하다
장마는 북상 중이고
간절한 기도는 숲으로 잠입해
잠자는 영혼을 깨운다
숲으로 가자
연두색 고리를 목에 걸자

그리하여 숲이 되자
가장 아끼는 전성기
그걸 사랑하노니
나의 계절이오니
오늘도 태양은 서산을 넘고
앞산 너럭바위는 말이 없다

교정의 히말라야시다 가지에 주저리주저리 태양이 걸리고
뜨겁게 달구어진 운동장엔 학군단 기합 소리가 하늘을 찔렀지
가슴 가슴에서 나온 뜨거운 불꽃이
카페 안에 번져
밤하늘의 별처럼 반짝거렸지
팝송 가락이 카페 공간을 두드려
젊음이 다 가기 전에
청춘의 허리를 잡고

감성의 늪으로 빠져들었지
사랑을 찍어 쓴 편지는 곱게 접어
책갈피에 넣어 그녀에게 전달했건만
답장은 오지 않았어
폭우가 매섭게 내리던 그 여름날
가슴이 두근거리던 설렘
빗물에 씻겨 흘러갔어
도로를 질주하는 차들
신호 대기에 서서
백미러에 비친 푸른 가로수를
환송하지 못했지

달렸어!
앞만 보고
일터에서 한숨이 나올 때마다
부양가족의 얼굴이 떠올랐어
벽에 부딪혀 시야가 캄캄할 때

더욱 선명해진 얼굴들

끌려서 술좌석에도 참석해야 했고

울면서 웃는 척했어

비껴 내리는 달빛이 비늘처럼 반짝거리는 강

어둠 속에서도 유유히 흘러갔어

목표 지점이 가물거린다고 해서 속도를 늦추면 안 돼

안개를 헤치며 강물 위로 새벽이 오고 있기 때문이지

옆은 보되

비교는 하지 마

시력이 시각차를 보이니까

정상에서 강까지 가깝게 보인다는 것

절정의 법칙을 잊지 마

아직도라는 말을 명심해

우리들의 강은 시야에 다 들어오지 않았으니까

아이들의 따뜻한 손을 절대 놓지 마

배에서 내릴 때 뒤따라오는 이 있어

함께 노를 열심히 저으면 돼

달빛을 헤치며

에야 디야 에야 디야

흐르는 강물도 가끔 지칠 때가 있지

굽이쳐 흐르는 유속을 보면 알아

뜨거운 태양 아래에서도 강물은 흘러

뜨겁게

불타는 눈동자들 물결 사이에 빽빽하네

손끝에 흐르는 전류가 전신을 관통할 때

여름은 익을 대로 익어가네

여행에서 돌아와 지난 기억을 회상할 때

잉태된 생명이 빛을 보네

축복을 받으며

얼마나 기다렸던 여정이었던가

보글보글 된장찌개가 끓고

베란다 난초 위에 평화가 앉아 있는 오후

창을 넘어오는 예초기 소리

풀 내음이 물씬 풍기네

밤새 내린 폭우
뜨겁게 달구어진 대지의 열기를 훔쳐 가고
붉덩물 범람 중이네
양동이, 대야, 도마, 황소, 염소 등 둥둥 떠내려가네
흘러갈 곳을 전혀 모르는 어딘가로
반갑게 맞아줄 가족들의 얼굴
물가 소용돌이를 타고 흘러가네
일손을 놓은 아버지도 어머니도 나도
뗏목을 타고 불안스레 흘러가네
누구도 거스를 수 없는 강물의 규칙
먹구름 사이로 빼꼼히 낯을 내미는 태양
뗏목을 멈출 강어귀, 기대하는 설렘
햇빛 질펀한 신작로를 꿈꾸네
비록 꿈에 불과하지만, 행복했노라고
나의 여름은 말할 거네

나무 그늘 땀을 훔쳐 가는 바람
내 존재를 정상에 등극시키네

잘나갈 때 숲을 보라
상대가 앞을 막아설 때 강을 보라
함께 흘러가는 것을
서둘러 노를 저으면 암초를 만날 것이니
수심 깊은 곳의 암반은
내 손에 나침반을 쥐여주고
나를 고독의 섬으로 데려가네
산이 있고 그 안에 계곡이 있고
그 아래 강이 있고 그 옆에 마을이 있고
그 멀리 도시가 있고 그 속에 매듭이 있지
매듭을 풀자
그게 강의 길이니
주머니에 풀을 넣고 오솔길을 걷자
텅 빈 숲의 풍요를 찾아서

앞만 보고 달렸어

옆은 보이지 않았어

옆에서 인기척이 들리긴 했어

그렇지만 나에게는 없는 풍경이었지

보아도 보지 못하고

들어도 듣지 못했다니까

끝이 없을 거라 생각했지

달려도 달려도 새로운 풍경은 계속 나왔으니까

초록색 풍경은 극히 드물었어

붉은색과 진한 청색으로 덧칠한 풍경

때로는 진한 검붉은 색을 띠기도 했어

그때는 땀을 뻘뻘 흘렸지

눈을 부릅뜨고 노려보기도 했고

새로운 풍경이 전개되는 것을 두려워했기 때문일까

다른 차원의 세계를 상상도 하기 싫었다니까

만찬이 끝나는 것을 원하지 않았어

풍성한 욕망의 주인이라는 것을 믿었어
탄탄대로 속의 넉넉한 생애를 사랑했다니까
낮과 밤이 바뀌고
12월의 달력이 마지막 넘어가도
나의 자동차는 가속을 멈추지 않았다니까
바람에 흔들리는 나뭇가지를 보았지만
그 사이로 보이는 마을을 보지 못했어

4.

꿈으로 가득한 나의 강
지나온 길을 회상할 여유도 없었지
일이 잘 풀리지 않을 때
물살을 조금 느끼긴 했어
상류에서 요란하게 흘러가는 것과는 대조적이었지
물살이 거세지는 않지만
여러 강줄기가 맞나
불어난 강물이 굽이쳐 흘러갔다니까
물들이 스크럼을 짜고
군중처럼 이동했다니까
거대한 힘의 흐름에 나는 속수무책이었어
한 방울의 물로서 나는 암초를 피하고
수렁을 피해
자의 반 타의 반 흘러갔어
물론 가족과 함께
멀리 들이 보이는 곡창지대로

바람을 업은 벼들이 물결처럼 출렁거리는 상상을 하며

불꽃이 너울거리며 타올라
호흡하는 공간을 열기로 채우고
달구어진 영혼이 능선에서 달렸어
멈출 수 없는 힘
제어가 불가능한 시대
고사리손을 붙잡고 불을 내뿜었지
열기로 가득한 방
아가야 추웠지
이제 이 따뜻한 방에서 떠나지 않을 거란다
달리기만 하면 돼
뜨거운 혼을 몰고 양 떼처럼
마을과 산이 열기로 가득한 날을 기약하며

부양가족 싣고 달리는 협궤열차
덜컹거리는 진동은 생명의 맥박 소리

업무계획서에 가족의 얼굴들이 저장되어
마우스를 잡은 손이 분주하다
때로 앞을 막아서는 질책이
산처럼 진로를 가로막을 때에도
가벼운 미소로 경로를 바꾼다
어디에도 현장은 있고
달구어진 사랑으로 액셀러레이터를 질끈 밟는다
부릉부릉 전속력으로 달리는 중
누군가 가르쳐 준 사랑의 방정식대로
나를 녹여 팀을 만들고
나를 재료로 큰 생명체를 만들어간다
흐르는 강물을 타고 두둥실 흘러간다
멀리 광야가 보이는 곳으로
파란 둑에서 사람의 온기가 시나브로 전해져온다

어깨동무하고 홀로 존재하며
미소를 지으면서 안으로 우는 존재

사람들 속에서 혼자 기립한 가녀린 사슴
중류의 강가에서 낚시하는 사람은 안다
섬이 고독하다는 사실을
때로는 즐거울 때도 있지만
돌아서서 혼자 말없이 말하며
오솔길을 걷는 사람
문제를 해결해 줄 수 없고
대역은 불가하다
수풀 속에서 나뭇가지 사이로 조각난 하늘을 보는 이유다
정처 없이 떠가는 구름을 보며
불안스레 주위를 서성거리는 사슴
어디로 가지
잘 가고 있나
작별은 만남이고
만남은 별리인 것을
오늘도 따로 논다

섬에서 섬과 더불어 흘러간다

집은 누가 만들어 놓은 높은 탑인가
오늘도 집 가까이에서 배회하다 돌아간다
집이 없는 사람은
밤을 좋아한다
밤하늘 별을 보며 긴 여행을 떠나니까
이 세상 모든 집이 내 집이다
그 순간만큼은
외곽에서 얼마나 많은 시간을 방황해야 할까
내 집 창가에 머무는 별은 너무 멀다
아이야, 기다리자꾸나
우리 집 창가의 별을 따서 꼭 너에게 줄 거란다
그때 손을 뻗어 구름도 잡아보고
손에 잡히는 능선에 앉아 말도 태보자꾸나
설사 여행이 길어져도
조금만 참고 견디면

눈 부신 태양이 우리 집 창가에 내려앉을 테니까
그때 환하게 웃어보렴
오늘도 빠르게 걷는다
이마 위의 땀을 훔치며
고개 넘어 별과 달과 해와 구름이 사는 집을 찾아서

출렁거리며 흘러가는 강
강가의 자욱한 안개
안개가 걷히면 강은 활기를 띠기 시작한다
낚시꾼은 바위 위에 앉아 강을 조망한다
낚시꾼은 간절한 만큼 고기를 낚지 못한다
꿈을 구조 조정하지 않으면 빈손으로 돌아간다
과식으로 조용한 뜨락에서 내려오는 사람들
햇빛 반짝거리는 강가를 거닐며
깊은 호흡을 거듭한다
몰고 가는 양 떼를 긴축하고
타고 가는 낙타에게 채찍을 가해도

가야 할 거리는 그대로다
목적지는 기대 사항일 뿐
안개로 가늠이 불가하므로
햇빛 좋은 날 배를 띄워
물살을 가른다
지친 몸을 훌훌 털고
밝아오는 아침을 마중한다
성숙한 시간
숲의 고요가 뜰에 내려와 앉는다

구슬땀이 흘러내리는 시간
흡족한 여유가 진을 친다
작물을 심고 기대를 충전한다
더 넓은 들로 비상하는 연대
새끼의 머리를 물고 고개를 넘는다
차양 밑 한 뼘의 그늘에서 오늘을 만족한다
S자로 굽이쳐 흐르는 강

중류의 물살을 타고 하강한다
바람이 분다
돛을 올리고 남풍을 타야 한다
촉촉한 손수건을 갈아야 한다
한 방울의 땀이 익을 대로 익어
한 방울의 피가 되는 뜨거운 회로
오늘도 전선은 불이 훨훨 타고 있는 중이다
가야겠다 일터로
새로운 터널을 뚫기 위하여
터널을 지나면 곡창지대가 나온다고 그랬지

5.

낙엽이 구르는 거리
등에 업힌 바람 어디로 가나
지난여름은 뒤안길로 숨은 지 오래
푸르렀던 시절은 옛 노래가 되었네
장마 때 불어난 강물은
강둑에 나이테를 남기고
아득히 멀어진 슬픈 기억이 되었네
동동 떠내려오는 낙엽
굽이쳐 흐르는 물살을 타고 하류로 가네
모두가 그냥 지켜볼 뿐
강물도 낙엽도 낚시꾼도 말이 없네
낙엽 하나에 사랑과
낙엽 둘에 절망과
낙엽 셋에 미움도
이 가을엔 가슴 절절한 전설이 되네
그래, 그렇게 되는 것을

입가에 씁쓸한 미소가 번지는 것은
계절 탓이겠는가
낙엽이 굴러가는 거리를 따라 마냥 걸어가야지
바람을 따라 정처 없이
따로 할 일도 없으니
바람이 되려는 것이라네

물가에 앉은 나그네
물속을 그윽이 바라보며 일어날 줄을 모르네
머리에 희끗희끗 눈발이 앉은 사내
어디서 많이 본 듯한 낯익은 얼굴
사내의 볼모로 잡힌 나그네
구부정한 허리
두리번거리는 시선
사내의 불안은 어디서 왔는가
한번 간 시절은 다시 돌아오지 않는다고 했지
강물의 깊이만큼이나 뿌리 깊은 사내의 고독

어제오늘의 일이 아니지

늘 혼자였던 지난날

푸른 강물은 알고 있지

화려했던 선반 위의 풍경은 물결 따라 흘러갔네

하류에서 만난다고 했지

한 가닥 기대가 꿈이 되고 그리움이 되어

하늘에 무지개처럼 걸려 있네

이제는 일어나 강둑을 걸어가야지

지팡이로 풀숲을 헤치며

익숙하게 걸었던 오솔길을 찾아가야지

그곳에 가면 어릴 적 뛰놀던 고향 마을이 있으니

잠시 풍요로운 기억에 젖어야지

앞서가는 바람 물 위에 파문을 일으키네

무슨 이유가 있겠는가

살아야겠네! 오래오래

하류의 금 모래밭

뒤돌아보면 아득하여라

조용히 엎드려 있기로 했지

낮은 자세로

건너편 넓은 바다를 꿈꾸지 않기로 했어

물결에 닳고 닳아 회한이 없겠는가

지나온 길은 고이 접어 선반 위에 올려 두기로 했어

필요할 때 꺼내어 아름다운 휘장을 달아주기로 했어

가만히 귀를 기울이면

청신경을 간질이는 잔물결 소리

마지막 들을 수 있는 생명의 소리

환희의 길목에서 가볍게 한 걸음 내디딘다

길에는 사람

산에는 바람

들에는 푸른 잔디

강에는 돛단배

사람들 사이를 지나

또 다른 사람에게로 가서 이별할거나

이력서 제출 불가
나이에 걸려 일하고 싶은 욕구를 접었어
재취업의 꿈은 가랑잎과 함께 날아갔어
읽고 쓰는 일이 있으니 멈추진 않기로 했어
밝아오는 새날
강가로 가서
떠내려오는 새 문서를 수신했지
가는 것은 오고 있다는 증거이니
슬픈 계절과 맞닥뜨린다고 해서 절망하지 말 것
지는 태양이 강둑에 걸려 헐떡거리고 있었어
핏빛 강물이 물고기 비늘처럼 반짝거리는 석양
갈 곳을 잃고 잠시 방황했어
밤이 오자 별들이 밤하늘을 수놓기 시작했지
갈바람 부는 어두운 밤
지난날을 도란도란 속삭이는 별들

밤거리를 안내해 주는 동행자가 있어
외롭지 않았어
길은 계속 이어지고 있었어
남은 길 위에 단풍잎이 우수수 떨어져 내리더군

공원의 벤치
차가운 바람이 앉았다간 자리
노인들이 앉아 체온을 맡긴다
정겨운 대화가 오가고
푸른 그늘이 어른대는 사이로
낙엽들이 스쳐 지나간다
숨을 쉬는 생명들의 향연
살아 있으므로 오늘도 백 점이다
화려했던 중앙 무대는 벽에 붙여 전시 중이다
운동장을 지나
기억이 선명한 회랑을 거치면
하류의 나무 그늘이 만들어주는

강한 생의 욕구 현장이 목격된다
누가 시킨 것도 아니고
의도적으로 연출한 것도 아니다
남은 시간이 너무 짧아
간절한 그리움으로 하나가 된다
다리 밑에서 들려오는 트로트 가락도
건너편 옥상에서 애달프게 들려오는 피리 소리도
지금은 양념에 불과할 뿐
귀를 사로잡지는 못한다
하류의 허리를 간질이는 애잔함
입가의 옅은 미소로 대신한다

누구를 탓할 것도 없고
과히 칭찬할 것도 없다
혼자 있으면 시간이 엿기락처럼 늘어난디
열어놓은 창으로 새의 날갯짓이 보인다
넉넉한 시간이 먼지처럼 가라앉는다

반복되는 일상
공원과 벤치와 가로수가 주인공으로 등장한다
주연들과 호흡을 맞추면 하루해가 금방이다
가끔 음악을 들으며 걸으면
풀과 나뭇가지도 몸을 흔들어 반응한다
밤이 깊어 자리에 누우면
고요한 호수가 펼쳐진다
잔잔한 물결 따라 애상이 너울댄다
밤은 늘 호수 위에 배를 띄운다
배는 협곡에 이르러 자취를 감춘다
어둠의 혼
밤의 정령들이 꿈꾸며 수런거린다
아직은 살아 있다고
별들이 쏟아져 내리는 밤
이제 눈을 감는다
별들이 품에 가득 안긴다

6.

긴 여행에서 돌아온 마지막 휴식처
지척에서 철썩이는 대해를 보면
마음이 얌전하게 돌아앉는다
좌우를 둘러보면 먼 풍경이 그림처럼 아름답고
뒤를 돌아보면 철교 밑 풍경이 아득하여
말없이 굽이쳐 흘러갈 뿐이다
느리게 흐른다고 조르지 말고,
거세게 출렁이지 않는다고 탓하지 말라
비우고 비워 하류에 이르렀노니
가벼워진 육신
날렵해진 욕망
하루하루가 꿈에 그린 나날일 뿐이다
이곳에서 보내는 새로운 일상
강물을 헤치는 일엽편주
노에 모이는 햇살
물고기 비늘처럼 반짝거린다

에야 디야 에야 디야

붉은 석양이 깔린 모래톱
부서지는 물결 곰살갑게 간질인다
마지막 생명이 다하는 날까지
어둠이 내리면 성정을 다독이는 자장가 소리
강가의 숨결이 부드러워진다
깊은 밤에도 깨어 있는 하류
얼핏 잠에서 깨면
창가의 미소로 대답하는 딸과 아들
밤이면 밤마다 그리움이 사무쳐
잠을 설친다
생일이라고 내일 가족들이 모인다고 했지
그리운 얼굴들이 차례로 다가와 손짓한다
준비한 손 편지에 예쁜 그림도 그려놓았지
설레는 마음이 깊은 밤을 다 가져간다
그래도 밤이 정겹다

내일도 찬란한 해가 뜰 것이니
기쁜 마음으로 이불을 당겨
포근한 숨결을 탄다
상류에 두고 온 유년의 뜰과
중류에 묻어놓은 청춘의 마당으로 입소할 시간
철썩이는 물결 소리가 아득해진다

머뭇거리는 발걸음
길은 있어도 갈 곳이 없다
하늘 한 번 쳐다보고 물 한 모금 먹고
고요한 강 위에 비가 내린다
누구와 약속한 것도 아니고
모이라는 당부도 없었다
따뜻한 체온들이 속삭이는 공원의 정자
얽힌 시선들이 간절한 생명을 확인하는 마지막 정류장
아쉽다면 아쉬워 한숨이 깊다
조용히 보내는 한 시절

이유도 없이 떨어지는 낙엽에 눈시울이 뜨거워진다
처마 끝에서 뚝뚝 떨어지는 낙숫물
빗물인가 눈물인가
내일의 안부가 걱정되어
해가 질 녘 헤어지며 서로 자꾸만 뒤를 응시한다
구부정한 자세로 어기적어기적 걷는 늦은 하오
어슴푸레한 형상 하나 휘청휘청 어스름을 가른다

하류에 앉은 새들 떠날 때를 알고
지평선 너머 풍경
그렸다가 지우기를 반복한다
세 다리 위에 얹힌 무게
아프게 시간을 끄는 중이다
지팡이를 짚고 잠시 걸음을 멈추면
지나온 길들이 앞에 누워 있어
작은 위로가 된다
누구의 통제도 없었다

장마로 범람이 있었고
가뭄으로 갈증에 시달린 적은 있었다
길이 있어 길을 갈 뿐이다
멀리 보이는 다리를 건너야 한다
아직은 손 편지도 써야 하고
꽃다발도 줘야 한다
사랑하므로
오늘도 평심을 안고 그리운 길을 간다

작사 작곡 노래까지 불러야 한다
경쾌하게 작곡해도
노래를 불러보면 애조를 띤다
산과 들과 바다를 보아도
애상이 흐른다
선행자가 선너간 강은 다를까
씻고 산책하고 장을 보고 밥을 먹고
일상 곁에 머무는 외로움

고독의 강이 되어 흐른다
막을 수 없고
멈추게 할 수 없다
밤새 혼자 출렁이는 물결
잠 못 이루는 밤이면
물결을 타고 와 산산이 부서진다
그녀를 불러보지만, 대답이 없다
물결 소리를 듣다 얼핏 눈을 떠보면
창밖에서 새소리가 들린다
그리운 음성인가 싶어 창을 열어젖히면
찬란한 배신의 아침이다

7.

폭설이 내린 세상

급강하하는 기온

절실한 한 줌 햇빛

세상 밖으로 손을 내민다

친구의 온라인 부고장

그리운 사람은 말이 없고

우정 위에 실린 사람은 입이 탄다

냉정한 겨울 돌아서 저 혼자 간다

저미는 아픔으로 지난 시간을 반추한다

따뜻했던 기억은 냉동 중이다

산 너머에 있는 봄은 소식이 없다

석고처럼 굳어버린 시간

냉장고에 넣고 문을 닫는다

지팡이를 짚고 조심스레 세상을 연다

강가에서 친구에게 위로의 답신을 보낸다

얼음 밑에서 들린다

친구의 가느단 음성이
살아야 한다
조금씩 봄이 오고 있으니까
졸졸 흐르는 물소리가 환청처럼 들린다
나를 삼켜버린 냉혹한 겨울
그 속에서 안간힘을 쓴다
지팡이에 힘을 실어 걸음을 내디딘다
한 줌 햇빛이 있는 곳을 향해

겨울 산을 넘는 나그네
거친 숨결 지팡이를 타고 본부로 타전되네
아직은 견딜 만하다고
희끄무레한 강변 눈발 속에 잠이 들고
사나운 겨울바람이 가슴을 할퀴는 밤
잠들지 못하고 뒤척거리네
다 내려놓고
가슴을 비웠건만

이리 떼 달리는 밤은 공허하네
거짓말이라고 해도 덧붙일 말 없네
나도 나에게 속을 때가 있으니까
한계에 부딪힌 나그네
밤의 반란 속수무책이네!
겨울 산을 넘으면 절벽이라고 했지
누가 추락을 꿈꾸겠는가
정상이 두려운 이유네
뒷걸음질해도 소용이 없네
날이면 날마다 정상을 향해 가야 하니까
이건 내 뜻대로 할 수 없네
내 능력 밖의 것이니까
나무를 잡고 흔들면
눈발을 뒤집어쓴 송림 사이로
하얀 우수가 우수수 쏟아서 내리네
시린 밤이 혹독한 이유라네
무라 무라 무라 되뇌네

겨울밤 위에 올라탄 나그네
이렇게 오늘 밤도 기울어가네!

긴 겨울을 견뎌야 한다
사랑이란 이름으로 보낼 시간이 남아 있어
바람 불고 차가운 강가의 시련이 가혹할지라도
현관 신발장에 세워둔 지팡이가 간절히 기다릴지라도
누워 천장을 보며 수많은 동그라미를 그려야 한다
혼자 일어나기 버거운 시간을 견뎌야 한다
갯버들이 씨눈 속에서 생명을 키우고 있는 이유이다
강물이 얼고 새들이 한 마리 두 마리 떠나가도
씨눈은 보송보송한 솜털 속에서
멀리 봄이 오는 소리를 듣는다
냉동된 현장은 신음 중이다
가엾은 가는 생명들이 눈 속에서
숨을 죽이며 그리운 온기를 찾는다 간절히
살아 있으므로 살아야 한다

하얀 솜털 속으로 씨눈은 더욱 작게 몸을 움츠린다
비록 짧은 기간이지만
싱그럽고 활기찬 봄을 위하여

꿈이었나
앞에 엎드린 지난 기억
강의 스토리가 되었고
강의 향기가 되었다
일어날 수 없는 지금
강으로 꽁꽁 묶인 육신
강의 이름으로 새로운 연대를 모색한다
슬픈 시간이 매우 아프지만
정상에서 추락할 명분은 넘친다
밖은 영하 10도
쌓인 눈 위에 눈발이 거세다
마을과 도시와 산이 묻혀 고요하다
강물이 흐르고 있다
얼음장 밑으로

나의 시간을 차압합니다

곁에 당신이 있어
길을 묻습니다
당신 곁에 남아 있는
살아가는 나의 따뜻한 시간입니다

장롱을 열면
정갈하게 대기해 있는 옷들
당신이 웃고 있습니다
내가 사랑하는 황홀한 시간입니다

어디쯤 오시고 있는가요
마을 쪽에서 묻어오는 안부
함께 살아가는 나의 향기로운 시간입니다

오늘도 집이 없는 사람은
숲에서 전해오는
바람의 쓸쓸한 소식을 들으며

오솔길을 마냥 서성거릴 것입니다

나를 기다리는 당신 곁으로
질주하는 차창 밖 나의 행복한 시간
나의 시간을 차압합니다

모든 것들은 음악 소리를 낸다

가만히 귀를 기울이면 들려옵니다
고운 선율 아름다운 음악 소리가

나뭇가지 기지개를 켜고
푸른 하늘이 물처럼 흐릅니다

울타리 밑 달개비 이파리
한들한들 생명을 노래합니다

대지는 활짝 열려 있습니다
참새들 철둑 너머로 떼 지어 날아가고
제비는 논둑 위를 저공비행 중입니다

해가 기울자 서걱서걱 어스름이 내립니다
밤의 고요가 잔잔한 음악으로 눈처럼 내려 쌓입니다

온 세상이 음악 속에 잠이 들고

잉태할 새로운 하루를 준비합니다

밤의 창가로 한 걸음 다가가
가만히 귀를 기울입니다

별

별이 반짝거리고 있는 것은
우리의 영혼이 속삭이고 있기 때문이니
오늘 밤도 별들이 잠을 이루지 못한다

어디로 가는 건가
어디까지 가는 건가
눈앞에 어른거리는 영상은 누구의 그리운 얼굴인가
청춘 예찬은 먼 타국의 이야기인가
여드름을 눌러 짜며 수시로 거울을 보던 시절
귀여운 옥에게 연애편지를 썼던 시절
별을 바라보고 있으면 나의 내가 나로 채워진다

방 안으로 들어와 자리에 누우면
창에 부딪치는 별들의 함성이 있어
나는 자리에서 일어나 창가로 다가간다
그러고는 가만히 창을 열어젖힌다

말똥말똥 눈을 크게 뜨고

냉정해 있는 별들

나는 그들이 미워 슬그머니 창을 닫아버린다

잠자리에 누워 있으면

다시 창을 때리는 별들의 아우성이 들린다

내가 오늘 밤도 잠을 이루지 못하는 이유이다

창가에 서서

된장국 끓여
식구들 밥상을 준비하는
구수한 냄새 드문드문

홀로 서 있는 사람
슬픈 창가의 이끼를 닦는다

저건 동백꽃이다
저건 잎 떨군 상수리나무이다
저건 긴 머리 아가씨이다
저건 빨랫줄에 걸린 초록빛 스카프이다

홀로 서 있는 사람
함성이 들리는 마을을 꿈꾼다

강물이 흘러간다

10월의 마사이마라 서늘한 바람

가자, 남쪽으로 세렝게티를 향하여

푸른 초원 화려한 밥상

황홀한 식사를 위하여

허기진 배 감내하며

누 떼 지어 간다

800km 긴 여정

언덕을 넘고

강을 건너

오, 풍요로워라!

하느님이 차려주신 식탁

누가 강으로 뛰어든다

악어가 입을 벌린다

악어 떼들 황홀한 식사 중이다

누가 또 한 마리 강으로 뛰어든다

악어 한 마리 또 입을 벌린다

누가 또 한 마리 뛰어든다

악어가 또 입을 벌린다

누가 또 한 마리 강으로 뛰어든다

푸른 초원 황홀한 식사를 꿈꾸며

벌건 강물이 하류로 하류로 흘러간다

물새가 슬피 운다

햇살이 눈 부시다

누가 또 한 마리 강으로 뛰어든다

뒤따라오는 새끼 누를 못 잊어

힐끗힐끗 뒤를 응시한다

놀 빛 강물이 꿈틀꿈틀 흘러간다

감빛 강물이 뒤뚱뒤뚱 흘러간다

그냥 곁에 있는 것만으로도

새 떼들이 날아가는 것을 보고 있으면
그만큼의 따스한 온기들이 날아서 내게로 온다

전철 속 사람들의 온기가
따스한 입김으로 나를 품는다

푸른 생명 푸른 날갯짓
시장 안 사람들이 온기를 몰고 다닌다
나도 작은 온기가 되어 사람들 속으로 들어간다

버스를 타면
그냥 곁에 사람들이 있는 것만으로도
따스한 온기가
새 떼처럼 날아서 내게로 온다

그때마다 나는 암탉이 품고 있는
따스한 알이 된다

꿈과 생명을 키우는

작은 알이 된다

그리워

집이 그리워

안락한 집으로 가면

앞산이 도란도란 말을 걸어옵니다

산이 그리워

푸른 산을 오르면

산 아래 언덕에서 황소가 부릅니다

들이 그리워

황금 들로 나가면

매일 곁을 지나치는 오이도행 버스

바다가 그리워

출렁거리는 바다로 갑니다

바다에 발을 담그면

어서 오라 눈짓하는 섶섬

섬이 그리워

섬으로 가는 배를 탑니다

섬에서 살면

밤마다 그리운 얼굴이 있어

집이 그리워

다시 집으로 돌아갑니다

집에서 살면

창밖 먼 산이 고독해 보입니다

산이 그리워

고독이 그리워

나는 다시 산으로 갑니다.

길

만났다가 헤어져
다시 만나는 길은 어디로 가고 있나요

길이 끝나는 곳엔
푸른 산이 버티고 서 있었습니다

솔 내음 싸리꽃 향기가
한 아름 가슴에 안겨 왔습니다

새로운 길
새로운 세상
내가 가야 할 길
내가 넘어야 할 고개입니다

고개를 넘으면
또 길이 시작됩니다
넓은 들이 보이는 곡창지대

푸른 초원이 손짓하는 광야를 향하여
앞으로 걸어갑니다

만났다가 헤어져
다시 만나는 길은 어디로 가고 있나요

꽃

가다가다 내 죽으면
꽃이 되리라

삶은 향기로운 장미이려니
붉게 타오르는 저녁노을
한 마당 화려한 잔치

우리는 곱다란 꽃이 되리니
아침에 피어나는 꽃이 되리니

그윽한 방향 속 꽃 한 송이
저 혼자 붉다

꽃으로 피라

내 푸른 계절 녹색 계단 위에
꽃으로 피라

구름처럼 흘러서 떠나고 나면
그리운 건 그 시절 사랑뿐이니

바람을 휘몰고 사라져간 하행선 열차
그 굽이치는 아쉬운 뒤안길엔
쓸쓸한 추억만 기억되리니

혼자 가는 이 길에
숲에서 불어오는 초록향
그 그윽한 방향을 안고
꽃으로 피라

나무와 새와

어깨 위에
무심히 날개를 접고 앉아
진초록 풀숲 향기를 쪼아대던
그대의 청아한 노래

이제는 날아간 파랑새 되어
잎새에 걸린 깃털 하나
그대의 영혼처럼 나풀거리고

골짜기를 간질이는 여울물 소리는
누구의 반가운 노크 소리뇨

이따금 고갯마루 쪽에서
서걱이는 바람 소리에 실려
여운처럼 늘려오는 귀에 익은 목소리

오늘도

서녘 하늘에 번지는 황혼

그 붉은 영상을 안고

안으로 안으로 뒤척인다

난쟁이

가네 가네

우리 난쟁이

대한해협 굽어보며

휘청휘청 걸어가네

물결치는 북태평양 해변으로

갈매기 날고

두 쪽 어두운 구름 떠가네

총 맞은 그날의 영상

아련한 흔들림으로 다가오고

흉터 자리 푸르러 푸르러

지금은 우북한 숲이 되어

번지를 알 수 없는 바람 소리 들리네

가쁜 숨결 앞을 막아서

가녀린 손끝 가슴에 얹고

철조망에 기대어

파랗게 색칠할 꿈을 꾸네

꿈틀꿈틀 요동하는 두만강

가슴 위에 빗금을 그어대고
길게 꼬리를 무는 기적소리
가네 가네
우리 난쟁이
철마를 앞세우고
휘청휘청 걸어가네

내 소녀

내 소녀 창밖에 서서
떨고 있구나
눈 내리는 거리에

내 가까이 가마
그래서 따뜻한 망토를 걸쳐줄 것이니

하얀 영혼 고운 꽃잎처럼
피어나는 내 소녀야

나 방 안을 서성이다
너의 꿈을 안고
네 따뜻한 볼의 온기를 느낀다

내 소녀 다가와다오
너는 손짓뿐 말이 없으니
애달프구나

설레는 가슴

내 소녀를 부른다

내 소녀를 부르며 간다

임

임이여

사랑하는 임이여

외곽에서 불어오는 녹색 바람은

내 숨결인지 아시는지요

임은 너무 과분한 나의 임이어요

나는 임의 그림자 밟고

가야금 타는 청년이옵니다

임은 나를 벼랑에서 구원해 준

생의 신비로

멀리 꿈꾸며 계십니다

임은 말이 없습니다

임은 향기로 남아 있습니다

나는 초원을 나는

한 마리 작은 새이옵니다

하루가 가고 또 하루가 오고

임의 포옹 속 따뜻했던 혈기는

내 가슴 속 불씨로 타오르고 있습니다

물을 뿌리고 나서

새싹들이 조금씩 자라는 것을 보면서
물을 뿌리는 일은
너무나 벅찬 기쁨이었습니다

새싹들을 옮겨 심은
고운 손길이
연일 찾아올 때마다
꽃밭은 매일 새롭게 옷을 갈아입었습니다

때로는 비가 오고
바람 불었지만
모두 지난날의 예쁜 기억으로 남을 것입니다

이제 새싹들이
파란 하늘로
꿈을 향해
쭉쭉 뻗어가는 일만 남았습니다

일어나라 일어나라!
이따금 살랑살랑 불어오는 바람결은
흔들어 깨우는
누구의 고운 손길입니까

곧 봄이 오면
꽃밭에 햇빛 가득할 것이고
새싹들은 싱그럽게 기지개를 켤 것입니다

밤의 소묘

떠나간 자리
가로등 불빛
파르르 추위에 떨고
스산한 바람결
가랑잎 위에 별들이 구른다

군고구마 아랫목에 묻어놓고
아파트 창마다
어둠으로 잠들어 있다

홀로 자정의 거리를
헤매는 사내
담배 끝에 불을 댕긴다

배

여명을 받으며 출항하고
황혼 속으로 선착하는
방랑자
내 사랑 우수를 위하여

끊임없이 어군을 찾아
질주하는 갑판 위에
가쁜 숨결이 깔린다.

햇발 따라
원점에 서면
노을이 되어 부활하는
내 사랑 숙명의 단칸방

늘
녹색기 펄럭이는 항구가
파도 너머에서 가물거리고 있었다.

백두산

타오르는 노을 감빛 그리움을 잉태하여
일출봉 동녘에 신화를 출산하던 어머니
잃어버린 어머니
한 섬 품은 정을
입김으로 불어서 구름이 가득
비바람 남풍이 분다
육천의 거센 숨결인가
천둥소리 천둥소리
번갯불이 반도의 허리를 치받을 때
임진강 변 푸른 갈대
일제히 기립하여 경련하는
우리 시대의 흔들림
아아, 칡꽃 어우러진 백두산에 소나기가 내린다
천지에 발 담그고 앉아 있는
우리 시대의 전설에 비가 내린다

변방에 부는 바람

아스팔트 끝나는 103번 종점
돌아선 버스는 씩씩대며 검은 연기를 뿜고
종점로 25번 길 키 낮은 바람
구름처럼 흙먼지로 일어선다

풀잎 깨어나는 아침
씨앗 뿌리고
지친 하루 노을과 함께 저녁이 오면
캐시밀론 이불 속에서
참외 속 같은 사랑을 끄집어낸다
종점 사람들은

안개 속 희미한 트럭의 행렬
붕붕대는 벌떼 울음
종점을 쥐흔들 때
봄은 휘청대며
꽃샘바람을 안고 찾아왔다

종점 사람들은 겨울옷을 꺼내 입고
먼동이 터오는 아침을 연다

단꿈을 안고
햇빛 품에 안긴 103번 종점
낙지 해삼 그리고 꽃게처럼
꿈틀꿈틀 움직이고 있다

회오리바람
눈보라와 한 무리 되어
103번 종점을 업고
가쁜 숨결 헐떡이며
하늘로 오르고 있다

별 하나 외출한 자리

그대의 지나간 발자국들
아른아른 꽃으로 피어나고

마지막 싸늘했던 눈매는
베란다 창유리에 이슬로 구르는데

가슴속에서 울려오는 노크 소리는
누구의 반가운 음성입니까

밤마다 지켜보던 오리온성좌
별 하나 외출한 자리

지금은 그곳에 앉아
잠자는 그대의 청아한 숨결을 듣습니다

북풍

이 시린 바람 삭정이만 흔들다
선잠 든 한반도 치마 깃을 후리며
속살을 헤집고
성긴 눈발 흩뿌린다
우리 아버지 참선하는 동네
대동강 물비린내 바람결에 드문드문
남으로 가자
둥지 차고 비상하는 반가운 날갯짓
제 길 찾은 바람 떼 지어 간다
물어뜯는 냉기 속에서
간혹 젖니로 간질이는 숨결
토라졌다 다소곳이 돌아앉는 북풍이여!
아버지의 나라
아버지의 무덤가 금잔디 마른풀 부스러기
하나둘 눈발 속으로 보인다

신탁구 교본

어둠 헹궈내던 새벽닭 울음
백두에서 한라까지 푸른 잠 깨울 때
금빛 아침 꿰어 달던 우리
그물 없이 공치던 탁구
나그네 배불렀던 한 판이었다
탁구대 위 목방울소리
어머니의 무명 저고리 옷고름 속
고이 접힌 실매듭 속에서
고요를 썰어대던 다듬이소리 들려온다
눈보라 몰아친 건 계절 탓이다
대님을 조여 매고 눈길을 쓸자
낙동에서 압록까지 진동하는 긴 땅 울음
까치들의 합창
질긴 끈 우리의 생명력이다
제주에서 꽃불 북상해 오면
우리 겨울 숲 벗어나
가슴에 접어둔 그리움 주고받으며

우리식 그물 없는 탁구를 하자
지금은 힘겨운 연장전
주걱을 놓자
하나인 푸른 하늘 바라보며 하나로 웃어보자

위험한 밥상

투명한 물엿 병
파란 하늘이 내려와 있다
금빛 햇살 고운 바람 등에 지고
일터로 나간다
가족들에게 안녕을 고하고
까만 개미들이
줄줄이 기어간다
풍요로운 밥상을 구하기 위해
물엿의 달콤한 맛에 취해
연신 혀끝으로 입술을 핥으면서
개미들이 병 속으로 들어간다
황홀한 꿈을 향해
앞선 개미들이 물엿에 빠져 허우적거린다
의식을 잃는다
개미들이 줄을 지어 병 속으로 늘어간다
또 의식을 잃는다
또 한 마리의 개미가 병 속으로 들어간다

창밖 우수수 떨어져 내리는 낙엽들을
흘깃흘깃 훔쳐보면서

적요를 흔들면 고독이 울려온다

고기압과 저기압
세상의 향기를 실은
하늬바람 창을 노크할 때
나는 몽롱한 선잠에서
눈을 뜬다

알 수 없는 기항지를 향해 항해하는
긴 날의 목마른 환절기
양지와 그늘의 상이한 반향이
파도처럼 출렁거릴 때
나는 봉사였고
나는 귀머거리였다

이 시린 겨울바람
일어서고 있는
고독의 계절
함박눈 내리는 거리에서
나는 길을 잃는다

철조망

불구의 운명
두 개의 하늘을 받치고 섰는가

가시 끝의 삭풍은 비듬처럼 서릿발로 일어서고
60년의 통한 속에
지금은 육탈 된 가녀린 육신이여!

아는가, 가슴에서 가슴으로 흐르는
삼팔선의 봄
그 눈물겨운 아픔을

듣는가, 허리에 쇠못 두드려 박던
삼천리 앞마당에 메아리치던
카랑한 그때의 쇠망치 소리를

보는가, 옥색 치마 너울대는 장대한 군무를
두 개의 강강술래 슬픈 윤무를

시퍼렇게 깨어있는 밤이면
들린다, 찬바람에 부대끼는 너의 울음
애처로운 한 가닥 옥피리 소리가

신화에게

짙푸른 여름날
먹구름 속에서
피어난 하얀 꽃이었다가

몹시도
비가 오던 가을날
빗줄기 속으로
한 잎 낙엽 되어 떠나가더니

햇살 고운
바람 부는 겨울날
내 창가 베란다 빨랫줄에서
마지막 잎새처럼 팔랑거리는
초록빛 스카프는 누구의 영상이더뇨?

어둠아, 어둠아!

어둠아, 어둠아!
너는 알지?
너의 깊이를

감나무에 걸린 연이
갈가리 찢기고
바람 소리 허허롭다

어둠아, 어둠아!
너는 알지?
광활한 하늘의 끝을

꺼이꺼이
목놓아 우는 산새가 있다

어둠아, 어둠아!
니는 나를 알지?

그런 나라

바닷가 모래톱에
파도가 들려주는 노래
아이야, 너는 아느냐
푸른 노래가 멈추지 않는 그런 나라를

아이야, 가자
장미로 가득한 나라
벌과 나비가 나풀거리는
왼쪽 오른쪽이 없고
앞과 뒤만 있는 그런 나라로

산허리에 흰 구름 걸려 있고
새소리 한낮의 고요를 쪼아대는 그런 나라로
아이야, 가자

아이야, 너는 아느냐
파랑 노랑으로 그려진 나라

하양 검정이 없는 그런 나라를

눈에 맺힌 이슬은
상처가 남긴 슬픈 이름이란다
아이야, 가자
어머니의 품으로
아픔이 없는 그런 나라로

3부

5월의 노래

배꽃 떨어져 울고 간 시대
젖꼭지 생명을 키우고
꽃향기로 밀려오는 5월의 숲
그날의 진동
가슴에 통증으로 걸려 있네

형 내 그리운 형
이 땅의 맥박 소리
모두가 떠나지 않는 회오리

이제는 강물 앞에 선
푸른 나무
한 하늘을 안고
한 땅에 누워
뒹굴겠네!
뒹굴겠네!

걸레

빨간 플라스틱 작은 바구니 속
밤새 뒤척였던 설잠을 털고 하루를 연다
합성 섬유 사이로 데굴데굴 구르는 시간
닳고 닳아 구멍 난 틈새 누적된 세월의 그늘이 지나간다
부서지기로 했다
박박 문지르고 탁탁 때릴 때마다
구석구석 광택을 낸다
헤어진 아픔이라 할지라도 함께 가는 세상
윤기를 내어 밝게 웃으려 한다
오랜 시간으로 발효된 식혜 나의 유일한 치유 방법이므로
나는 알았다 내가 방치되어 있지 않다는 사실을
촉촉한 물기를 머금고 있다, 바싹 말라버리기 직전
어김없이 목욕하고 상쾌한 새날을 맞이해왔다
사랑하는 식구들 배배 틀어 나의 스트레스를 날려주있다

적당한 아픔 오늘의 옹이로 바구니 속 외로움을 건딴다
베란다 빨랫줄에 걸려 따듯했던 햇빛
풍요로웠던 시절을 기억의 선반에 올려놓고
나날의 바람과 온기와 냉기를 되새김하려 한다
그게 살아가는 방식이므로
이곳은 낯선 땅
죽음이 임박하여 두려움이 몰려와도
샐녘 여명이 있으므로 한 조각 육체로 생명을 꿈꾼다
버려진 작은 육신 살고 싶은 작은 소망
밤새 내려간 냉기로 꽁꽁 얼어버렸다
정신을 잃고 얼어버린 육체로 얼어버린 땅과 체온을 나눈다
동녘에서 열리는 한 하늘 따스한 햇살
열기가 스며 피가 돌자, 바람 소리 들린다
손끝에서 전해져오는 온기 몸을 녹여 새롭게 태어난다
세상 속으로
물과 싱그러운 만남을 기대하며

겨울나무에게

나무야, 춥지?
진눈깨비 흩날리는 그 언덕은 곧 한길로 변할 거야
이제 차가운 바람은 전설이 되고 말 거야
아스팔트를 파헤치고 있어
너를 옮기려고
네 생이 다하는 날
그곳은 다시 호수가 될지도 몰라
아니 감자탕집이 들어설지도 몰라
나무야, 네 생애에 꽃을 피워 보았지?
그때가 전성기였지
그때는 뜨거운 바람이 늘 곁에 있었지
나무야, 잘 기억해 보아
여름날 나무 그늘 밑에서
늘 우울한 표정으로
먼 하늘을 이따금 훔쳐보며
절망적으로 시를 읽었던 청년을 말이야
나무야, 갑자기 네가 보이지 않아

겨울나무가
너는 애초부터 없었다고?
그랬을지도 모르지
모든 것은 상상으로 존재를 확정하거든
나무야, 그래도 이것만은 믿어
실제가 허구라고
그게 진실이거든
나무야, 보이지?
아침 먼동 속에서 올라오는 손톱만 한 붉은 빛이 말이야
거기에는 뜨거운 불씨가 있어
장차 우리를 따듯하게 해줄 거야
나무야, 내 겨울나무야
귀를 세우고 들어보아
저벅저벅 계단을 올라오는 소리를
남쪽에서 올라오는 봄이 오는 소리를
나무야, 기다리자꾸나

비록 봄이 온다고 하더라도
네 아픔과 슬픔이 긴 겨울과 함께
영영 사라지지 않는다고 해도
봄을 기다리자꾸나
그게 우리들의 봄이니까 말이야
봄, 그 찬란한 봄을

계단

가파른 골목을 돌고 돌아 마침내 산동네
19개의 구멍에서 올라온 뜨거운 불꽃
안온한 아랫목에 평화로운 수면을 안겨
새근새근 고운 숨결 공유 중이다

돌아앉은 남향 건물 오데오빌딩
0.3평 작은 터에 발로 이룬 삶
모락모락 김이 솟는 안홍찐빵을 굽는 중이다

능선을 타고 하산하는 앞가슴에
찬바람이 안겨 촉촉했던 땀을 걷어간다
스산한 바람 낮은 데로 임하여
한 조각 꿈으로 익은 하루해가 저문다

어금니 밑 욱신거리는 통증
이제 장마 때 물속에 잠긴 계단을 잊으려 한다
아픈 우중의 날들을 물속에 묻고

현란한 햇빛을 묻혀 0.3평 작은 터를 마른 수건으로 닦는다
  새날의 달콤한 빵을 위하여

  포성이 요란했던 날들
  산산이 부서졌던 계단의 잔해
  어두웠던 암실에서의 인화 작업을 중단하려고 한다
  신축 중인 건물 발로 뛰는 나의 생
  안흥찐빵에서 파리바게뜨로
  0.3평 일자리가 비상飛翔 대기 중이므로

귀향

하얗게 ㄹ자로 누워 있는
고향길
달이 복스럽다

잇새로 진입한 시린 겨울바람
얼어버린 대지에서
가까스로 피운 꽃 하나를 간직하고 살아온
격렬했던 방황의 나날이
어머니의 품에서 용해되고
저 멀리 반짝이는 등불 하나는
내 가슴 속 마지막 불씨였구나

홀로 계신 어머니
아버지의 까만 뼛가루가
앙금으로 침전하던 그 무수했던 정적
밤이면 밤마다
창틀이 울고

잠결에 뒤꼍을 달리는 바람 소리는
어머니의 애끓는 숨결이었구나

어머니가 아궁이에 불을 댕기면
아랫목이 펄펄 끓었지
그 열기 성냥불로 가슴에 붙어
혈압이 서서히 상승해 온다
뜨거워 뜨거워
혈관 벽을 치받으며
어머니의 심장 깊숙한 오른쪽 방에
적혈구는 개구리헤엄으로 가고 있었다

길의 운율

은행잎 떼 지어 가네
흐르는 강물 따라

등 비비는 나무들
바람을 업고 한들한들
활기로 길을 여네

손에 손잡고 체온을 나누는 사람들
품어 안아 사랑 안에
다듬어 가꾸는 인연
잔잔한 물결이 되었어라

잎 지는 가을이 오면
생명이 있는 곳에
추락을 안겨
슬픔의 바다에서 눈을 뜨네

꽃들의 은은한 향기 속
만났다가 헤어짐은
새로운 길을 찾아가는
싱그러운 꿈의 향연

흐르는 강물 따라
둥둥 떠내려가네
은행잎 떼 지어 가네

눈을 깜박이는 이유

안개 도시 작은 물방울의 나라
겹겹이 분사된 올망졸망한 이력들
창밖의 빗물로 지나온 길들을 어루만진다
바람이 분다
나무들이 춤을 춘다
크게 떠도 한들거리는 나뭇잎만 보인다
푸른 나무 뒤에서 들리는 속삭임
이웃들의 잔치
계절을 타는 체질 오늘의 일상이 붉게 감염되어
지속적인 가려움
자꾸만 눈을 비빈다
혈기를 차단당해 생기를 주유하고
산을 오르면 미지의 시간이
꾸역꾸역 그림자를 따라와
김밥 덩이 덩이에 짠맛으로 배어 있다
막 터널로 진입한 기차 어둠이 싫어
굉음을 내며 질주한다

빛이여, 살아온 이유이니
그리고 내일도 그러할 것이니
순간 풍경 속의 나를 찾아
내의 나를 촬영하기 위해
셔터를 누른다
플래시가 터진다
눈이 부시다 눈을 감는다
어둡다 어둡다 눈을 떠야겠다

바랭이

거대한 느티나무 잎새 푸르고
햇살 쏟아져
싱그러운 그늘 밑으로
작은 이파리들
흙을 비집고 솟아
한들거리며 손을 흔드는 모습
춤을 추고 있는 건가
울부짖고 있는 건가
우리는 알지 알아
파란 하늘 아래 거대한 느티나무를
그의 찬란함을
햇살이여, 햇살이여!
앓는 소리 들리는 둥지
우리들의 짙푸른 숲
꼿꼿하게 허리 세우고
기다리다 기다리다
눈물만 남아
지금은 그윽한 눈길 되었다

밤의 변주

경계선이 없는 구역
낮과 밤이 수시로 출몰하여
대지를 사수하다
썰물처럼 자취를 감추곤 하였다
사각모를 쓴 연인들이
호숫가 벤치에 앉아 속삭이는 모습을
종종 발견할 수 있었다
헬리콥터를 타고 하늘을 떠돌다
착륙해 보면 샐녘 여명이 밀려와 있었다
모래성은 제법 높게 쌓아 올려졌다
눈을 뜨고 쌓은 성
눈을 감고 발로 문질러버렸다
심한 설사를 한 뒤끝처럼
허탈한 심정으로
창가의 햇살을 움켜잡고
허둥거려야 했다

벽 타기

벽에 매달려 있으면
너울대는 하얀 안개
어깨를 감쌌다

미끄러질 때마다
벌렁거리는 불안
눈덩이처럼 불어났다

발아래
버스를 기다리는 사람들
발을 동동 굴렀다

아파트 창마다 불빛이 내걸릴 때
퇴근하는 사람들 발걸음 서두르면
뒷발질하며 암벽을 올랐다

산1

우리를 출산했던 분

고통을 안으로 숨기고

한 하늘을 인 채

견고한 바위로 누워

시대를 넘어

한을 노래한다

돌아앉아 먼 산을 바라보는 분

세태를 털고

새로운 꿈을 노래하는 분

솔가지 사이로 들려오는 가느단 음성

귀에 익은 어머니의 음성

늘 미소로 일과를 시작하는 분

품속의 숲 곤한 잠으로 빠져든다

산2

하늘이 열리고
길이 펼쳐져
나를 아늑한 곳으로 데려갑니다

고요한 나라
따뜻한 아랫목
길게 발을 뻗으면
참나무 가지 사이로 평화가 내려와
내 가슴에 소복소복 쌓입니다

떠나가 있으면
숲의 푸른 향기
부드러운 옷자락처럼
나를 휘감아
내가 간절한 그리움에 빠집니다

세상의 매듭을 풀어

이야기가 오순도순 익어가는
하오의 소나무 능선
솔바람 여린 숨결에
가만히 몸을 내려놓습니다

싸리꽃 내음 몸을 풀어 숲을 품고
직박구리 온 산을 품어 노래할 제
내 마음 덤불 사이를 기웃거립니다

산3

북풍을 막아
둥지를 보수하는 아버지
바람 멈추어다오
아버지의 작업을 위하여

별 노래해다오
부드러운 자장가를
아버지의 잠을 위하여

아버지는 잠결에 듣고 있다
거리로 나온 시위 군중들의 함성과
굶주린 노동자들의 새벽 아우성을
그리고 속삭이는 연인들의 밀어를

아버지는 승용차를 몰고
산으로 출근
각개전투로 포복하다
산으로 누워 있다

산4

아침 바람 한 자락
기웃거리는 햇살 한 폭
듬뿍 떠서 얹어주는 소금강

비릿한 냄새
망둥이가 뛰고
세 발 낙지가 축지법 쓰는 계곡

세상이 클로즈업되는 공간
푸짐한 구룡폭포
진열된 상품을 광고한다

수박, 사과, 포도, 토마토
차양 긴 모자 눌러쓰고
남이 거눈 결과를
내가 소득한다

좌판과 좌판들이
사슬처럼 연결된 골목
좌판들 사이 열기를 비집고 서면
고객들이 다가와 폭포가 된다

거울, 떡볶이, 배추, 아웃도어
만물이 기지개를 켜는 능선
단 성형외과가 없는 산정
진열된 작은 물건들 사이에서
참기름을 구입하여 하산을 서두르면
야채 가게에서 떨이를 외친다

산5

묵묵히 버티고 앉아 세월 너머 너머까지
이야기를 풀어놓은 자
말이 없다

정안봉 바위틈에
잔설을 뚫고 올라온
동백꽃 한 떨기
지고한 생명
만물의 으뜸이라
높은 곳에 자리한 것일지니

어르신, 수천 년 생명으로 남아
비바람을 견딘
산정의 모진 기억들이 회한의 이름으로
오늘도 나뭇가지 한늘거린다

716봉 고운 흙들 다독다독 온기 키워

뿌리를 감싸 상처를 치료해 준다
흙은 흙이로되 고산준령의 해맑은 공기와
신성한 바람의 혼이 배어 있어
싱싱한 나무와 꽃을 피운다

산6

주렁주렁 열린 소망을 부화시키기 위해
액셀러레이터를 밟아보지만, 공회전이다
세월의 하중과 열망의 무게
거리의 휴지통은 사라진 지 오래
정류소와 시장 점포를 기웃거리자
수암봉이 아는 체를 한다
불시 검문
들켜버린 삶에 얼굴이 화끈거린다

나무와 풀과 바위와 흙이 연주하는 오케스트라
떨어져 뒹구는 단풍잎은 우주의 운율
낙엽을 밟으며 등반한다
내 몸 구석구석에서 새들이 날아오른다
솔숲 사이를 지나 기암괴석 절벽 난간에 앉아 숨을 고르면
　계곡 움푹 파인 곳마다 부표처럼 널려 있는 넘치는 휴지통들

버릴 것을 모두 버리니

훨훨 날 수 있는 것을

불고기, 비프스테이크, 모둠회, 전어구이, 감자탕

동녘에 떠오르는 해를 볼 때마다 군침이 돈다

과체중 이름표를 달고 비탈에서 땀을 흘릴 때

먼 푸른 산이 시원하게 땀을 걸어간다

귓전을 울리는 수암봉의 오케스트라 선율

잔잔한 호수가 있고

선선한 바람이 불고

새소리 간사한 영혼을 노크한다

참나무와 노간주나무 사이 가볍게 발을 옮겨 딛는다

산이 그리워

세상이 그리워

오르락내리락 내 생애가 저문다

산7

산이 거기 있어 산에 오르고
해변이 거기 있어 해변에 간다
다소곳하게 고개 숙이는 나뭇가지
내려온 곳에서 언덕 위 산수유나무를 올려다본다
지어준 이름에 풀잎이라 명명하고
자작한 방향으로 길을 나선다
산등을 넘으면 들이 나오고
들을 건너면 강이 나온다고 했지
전자 교과서를 다운 받아
문제를 풀고 답을 쓰고 꽃을 가꾼다
봄이 가고 여름이 왔다
여름이 가고 가을이 왔다
낙엽들이 쓸쓸히 추락하는 계절이 오면
껍질 속으로 깊이깊이 몸을 웅크리고
먼데 아스라한 음향을 귀 모아 듣는나
소나무 숲 사이로 보이는 길을 따라
오늘도 한 뼘 암벽을 오른다

새소리 들리고 바람 소리 스산한 것은
생명의 향기로운 전주곡 때문
방울방울 맺혀 반짝거리는 땀방울
숨 가쁜 석양의 길목
푸른 등짐에
벌건 낙조가 비껴 내린다

산8

데굴데굴 구르는 산

눈덩이처럼 점점 불어나 큰 산 되었다

솔숲 칙칙한 산정에 눈이 내린다

비탈에 젖버듬히 엎드려 있는 사람

두 손으로 산을 굴리고 있다

도시로 내려온 산

번화가 시내를 지나

꽃들이 만개한 공원 쪽으로 이동 중이다

아파트 창마다 손을 흔들어 환호하는 사람들

산은 방향이 모호한 변두리 쪽으로 구르고 있다

가속이 붙어 고속도로를 빠르게 구르는 산

산이 길이 되고

길이 산이 되니

등산객들 다복솔을 움켜잡고 속도를 즐긴다

바닥에 흩뿌려진 자갈 모래

자동차들 덜컹덜컹 요란하게 몸체를 흔들며
남쪽으로 느리게 이동한다

산9

산을 오를 수 없는 날은
창가를 서성이며 먼 산만 바라본다

창가의 나뭇가지 손을 흔드는 것은
산으로 오라는 산의 전령이다

산의 품에 안겨 살았던
지난날의 기억을 그리워하며
누운 몸을 뒤척인다

너덜겅을 흔들던 바람 소리
아침 골짜기를 깨우던 새 소리
산 계곡을 간질이는 물소리
귓가에 쟁쟁하다

방으로 들어온 산
나는 산에 올라

작은 나의 산을 둘러본다
나의 방에는 올망졸망 산들이 엎드려 있다

산 밑에 산이고 산 위에 산이다
스틱을 잡고 산을 오르면
어느새 나는 산이 되어 있다

산10

지팡이를 짚고 등산화를 신고 길을 탐험하는 시간
매일 거기 그 모습이지만
매일 새롭게 신대륙을 발견하는 고전의 시간
새롭게 처음 발견해서 명명하는 신문명
신개척지에 말뚝을 꽂는 환희의 코스
껍질을 벗겨내는 푸른 공간
내밀한 지점으로의 끊임없는 발돋움
여러 개의 나를 버리는 개방된 예식과
하나의 나를 분만하는 사계절 순례
나는 나가 아니다
걸어가는 발들 이웃들의 온기가 스칠 때
푸른 잎새가 되어 서걱서걱 호흡한다
낮은 곳으로 흘러가는 감성 연대
골짜기의 물소리를 장착한 오솔길
갈잎을 타고 능능 떠내려가는 이
하류에서 길을 찾다
나뭇가지 사이로 들려오는 핸드폰 벨소리

오늘도 평안한가 흙에서 보내온 긴급 타전
이어폰을 꽂고 말없이 통화한다
새벽이 열리면 아침을 쪼아 꿈을 키우고
해가 지면 날개를 접고 단꿈을 꾸는 새들
숲에 주저리주저리 내걸리는 새들의 퍼덕거림
오늘도 가까운 새 떼들에게 귀순한다
걸음마다 조금씩 비상하는 생애
넓적 바위 부근에서 걸어온 길을 반추한다
걸음걸음 뒤에 남기는 발자국들
파일 이름이 달라 덮어쓰기 할 수 없어
다른 이름으로 저장한다
최신 버전 푸른 숨결 앞세우고
바람이 눕는 길을 찾아서
햇빛 둥근 하루를 따라간다

그림

그냥 지나쳐가는 그림으로는
색감 배치가 너무 은은하옵니다
향기를 몰아오는 바람이
계단 아래에서 올라오고 있습니다
계단을 올라 문을 열고 골짜기로 들어서자
이 세상에서 가장 아름다운 작품이
풀잎처럼 한들거리고 있었습니다
새도 날개를 접고 향기에 취해 있는 고요의 숲
나는 돌팍에 앉아 태곳적 순결 하얀 영혼에
몸을 떨었습니다
무엇이옵니까
그림에서 번지 없는 귀한 생명이 몸을 뒤치는 것은
그림에서 산과 들과 집과 뜰이 숨을 쉬고 있는 것은
운명인지 모릅니다
골짜기를 찾아 그림 앞에 서게 된 것은
감상하다 커피잔이 식을 때 돌아서자
그림이 손짓하고 있었습니다

날개를 퍼는 꿈속의 환상적인 갤러리 궁전에
그 그림이 걸려 있었습니다
나는 오랫동안 석고처럼 서 있어야 했습니다
나를 부르고 있습니다
신비와 내 영혼의 순수를 간직한 그림 하나가
골짜기를 간질이는 생명의 물소리가
꽃의 숨결처럼 다가와
나는 그냥 그렇게 돌아설 수 없나 봅니다

이렇게 외면하고 길을 걷는 것은

산에서 파도가 출렁출렁
담장을 타고 나팔꽃 넝쿨이 하강 중
옥상에서는 농부가 상추를 심고 있었지

일출과 일몰 사이 줄지어 늘어선 나무들을 수평선 위에 그리고
붉은색으로 마무리했어
사과가 붉게 익어가더군
출근 시간 오이도행 전철을 타기 위해 계단을 뛰어내려가자
붉은 사과가 내 뒤에서 돌멩이처럼 굴러 내려오고 있었어

목 디스크 환자의 팔에서 나뭇가지가 뻗어 나와
한의원 침대에 숲을 만들었지
정면을 응시하면 오른쪽 래미안 아파트가 보이고
왼쪽을 응시하면 정면 아크로타워가 보였어

생명을 지켜준 것은 포기 각서였지
돌이라고 말하면 움직임을 멈추었고
강아지풀이라고 말하면 손을 흔들었다니까

다리 밑 싱그러운 달개비가 세상을 열고 있었어
한적한 곳에 수맥이 있고 흐름이 있었어
아내가 손질한 베란다 푸른 화분을 복사해서 붙이기 했지

전주에서 수원까지

무궁화호 열차에 꿈을 싣고
상행길에 올랐다
처음 탄생했던 날을 상상하며
시작 페이지에 내 길을 그려 넣었다

빠른 속도로 질주했다
그동안 나는 속도감을 느끼지 못했다
내가 벌써 여기까지 왔나
멀리 지나온 길들이 차창에 어른거렸다

물속을 헤엄쳐 다니던 시절
빌딩 사이에서 길을 찾던 시절
모두가 손가락 사이로 빠져나갔다

창밖 저물녘 노을이 날렸나
종점이 다가오고 있었다
꿈을 내려놓은 사람들이 둑 위를 걷고 있었다

나처럼 배낭을 멘 실업자들이

잘가닥잘가닥 소리를 내며 열차가 달렸다
상징과 은유와 알레고리를 옆구리에 꿰차고
푸른 공기를 가르며

꿈의 정류장
수원이라는 이정표가 보였다
하차를 서둘렀다
내 가방 속의 소망과 절망을 앞세우고

지금은 촛불을 켤 때가 아니다

바람이 분다

총소리가 아스팔트를 훼흔들었다

어머니의 손끝이 파르르 떨렸다

바람은 어머니의 가슴을 밟고 지나갔다

산은 짙게 푸르러 있었다

꿈을 속삭이던 사람들은 그곳 시렁에 매달려 있었다

그들은 간혹 말을 더듬거렸다

갈 길을 몰라 사거리에서 서성이는 사람을 볼 수 있었다

심장은 세차게 박동하였고

가슴은 붉게 타올랐다

목마름은 계속되었다

비는 계속 오지 않고 있었다

푸른 잎들이 뚝뚝 지고 있었다

거리는 온통 얼룩무늬 트럭의 행렬이었다

어디로 가고 있는가

반드시 가야 할 길

눈을 비비고 바라보면
부스러기들이 하루살이 떼처럼 날아다녔다
어머니가 희미한 잔상으로 그곳에 계셨다
바람은 수시로 진로를 바꾸었다
막 동풍이 중앙선을 침범하고 있었다
바람이 자고 평온이 찾아오면
지나간 기억을 한 연대의 추억으로 회상할 것이다
그것이 두려웠다
해가 서산을 넘어갔다
노을이 점점 가라앉고 있었다
바람은 서로의 멱살을 잡고 광장 쪽으로 불어갔다
수레바퀴가 어머니의 가슴 위로 굴러가고 있었다
안절부절, 그렇게 아침이 오고 있었다

지날재

햇살이 미끄럼 타는 고개
미나리골 사람들 노란 발자국 보인다
한 마리 등 굽은 낙타여
솔바람 향기 땀 냄새로 묻어오는 고개
지날재에 팔팔 뛰는 물고기를 보아라
흰 보습 닦고 닦은 마음의 보금자리
얼룩무늬 청년들이 오르고 있다
푸른 등 위에서
꿈들이 전시회를 벌인다
탐스러운 열매를 따기 위한 포크댄스다
메아리로 마주 바라보는 사람들
정열이 꺼끔해지면
곱게 여울지는 황혼을 따라
낮아진 어깨를 간신히 추스르다가
흰머리 빗어넘기며
황홀한 고향을 찾아
쓸쓸히 고개를 넘는다

처방전

　당신은 영근 꿈들이 가득한 과수원
　공중에 떠 있는 붉은 사과를 깎고 깎으세요
　뒷산 후광이 드리운 귤을 베어 먹으세요
　알토란 같은 뜰 안의 둥근 속삭임을 굴리고 굴리세요
　언성을 높이는 미루나무의 언어를 문 쪽으로 쓸어내세요
　아끼는 가방을 내놓으면 그만큼의 공기가 방 안으로 들어오는 법
　물기와 생기가 밴
　선물을 종이로 포장해서 먼 해변에 갖다 놓으세요
　뒤를 돌아보지 말고, 묵묵히 앞으로만 가세요.
　밀물이 들어오면 당신의 식욕이 둥둥 떠다니는 것을 목격하실 거예요
　사다리를 타고 한 칸씩 내려갈 때마다
　그만큼의 푸른 공기가 차곡차곡 쌓여갈 거예요
　높은 산에 계신 존귀한 분 하루빨리 하산하여
　소쩍새 소리를 끼고 평온한 수면을 취하세요

흙을 밟고 풀숲 속에 속살 깊이 헹거하세요
36.5도의 온수를 망각하지 마세요
따뜻한 것에 손을 뻗어 온기를 충전하고
체온 있는 것들을 다독거려주세요
그리운 아랫목에 고이 잠든 시절을 실온에 보관하세요
이파리를 주고 가지를 주고 줄기를 주고 밑동만 남을 때까지
거기에서 잎 피는 나무
눈물 나는 밑동 언저리에 걸터앉으세요
어느새 민들레 꽃씨로 날아다니는 당신
창밖의 흐르는 강물에 잎을 띄우세요
그리고 그 위에 올라타세요
어느 날 강가의 작은 도시에 일시 체류하게 될 거예요
그때 손가방에 작은 꿈을 넣어두어야 해요
물론 방도 작아야 하겠지요
그래야 세상이 풍만해 보이거든요

촛불

눈을 녹여서 만든 입김
호호 불면 따뜻한 열기가 모락모락 피어올라
물기가 어리고 물이 어울려 야외 온천이 된다
온천물이 흘러 강물이 된다
오늘의 통증이 따끈한 열에 부대끼다
혈이 풀리면 세상은 자르르 윤기가 흐른다
누가 모른다고 하는가
누가 스모 선수처럼 버티기를 잘한다고 하는가
누구도 온천 속에서는 치료될 것이므로
물레방아를 돌린다
물을 돌려 순환시켜야 하므로
오늘의 푸른 기상 물이 되어 낙하한다
낑낑 힘을 모아
빙글빙글 돌아가는 물레방아
밤에 불을 밝힌다
손에 손잡고
부드러운 손길 애처로운 소녀들이 운집하여

손을 흔들자, 비가 내린다
이 시대의 슬픔이 줄줄 쏟아진다
본격적인 겨울 장마다
강이 범람하자 수문을 연다
물 위에 떠 있는 사람들
튜브 잡고 헤엄을 친다
수상 가옥이 흔들린다
발밑으로 흐르는 강물
불그레한 토사물도 보인다

현대시

세 발로 들을 달리던 황소
바다에 빠져 허우적거린다

개가 구슬을 먹고
토끼가 간식으로 돌멩이를 먹는다

안개가 끼고
해가 뜨자
비가 오기 시작한다

무인도에 상륙하여
아내와 집을 짓고
울타리에 호박 넝쿨을 올렸지만
역시 무인도다

황소의 머리는 사자이고
들개의 머리는 호랑이다

사람들이 육지에서 헤엄치고
바다에서 전력 달리기를 한다

기습한 토네이도
고향 마을이 하늘로 사라져
뿌연 시야 속으로 서까래가 보인다

4부

1980년

함박눈이 펑펑 내린다

연일 폭설이다

열차와 항공기가 운행을 중단하고

모든 고속도로는 통행금지다

겨우내 눈이 내릴 거라는 기상예보 속에

비상계엄령이 선포되었다

세 사람 이상 집회 금지

이웃 간 마을 간 왕래 전면 금지

꽁꽁 얼어 버린 동토의 결빙 소식을

새들이 날아와 안부를 전해주면

호호 입김을 불어 아직 살아 있음을 알린다

도끼로 강을 깨고 물고기를 낚아

미지근한 아랫목에서 끼니를 때운다

날마다 방한복은 두꺼워져 사람들이 굴러다닌다

설산에서 불어오는 바람

여우 울음소리를 내면

산악 빙하를 타고 내려온 북극곰이 엉금엉금

대륙 빙하를 타고 내려온 펭귄이 뒤뚱뒤뚱
유선과 무선이 두절 되었음을 알린다
연속 핸드폰 버튼을 눌러
눈 속의 얼어 버린 겨울을 저장한다
동사자가 속출하는 시대
남쪽에서 들려오는 총소리
빙하의 골짜기를 흔들고
활자와 뉴스는 동태 창고로 이동 중이다
뚝뚝 날개 부러지는 소리
뚜두둑 나뭇가지 부러지는 소리
반도의 만년빙에 봄은 오는가
팔다리가 부러져도
빙산에 내리는 한 줌 햇살 그리워
동트는 새벽을 기다린다
손에 손을 잡고 체온을 나누는 그닐은 오는가
기대하는 작은 꿈이
펑펑 내리는 눈발 사이로 새가 되어 날아간다

겨울나무

푸르른 계절 열정을 안고 당도한 도시
플라타너스 가로수 길 뜨거운 열기를 벤치는 알고 있다
이제는 흘러가 버린 기억
산악빙하의 깊은 곳에 꽁꽁 얼어 버린 연대
유난히 매서운 바람이 불고
긴 겨울 마른 가지 눈보라를 견딘다
꿈을 위하여
지난밤의 혹독한 냉기 새들도 자리를 뜨고
이제는 먹먹한 느낌 신경이 마비된 잔가지
아픔은 길고 그때의 향기는 진해진다
땅속뿌리에서 올라오는 가는 온기에 기대
자꾸만 놓쳐 버리는 의식의 끈을 붙잡는다
가슴에 묻어둔 작은 불씨를 지키기 위해
옷을 껴입어도
냉기는 자꾸만 예리하게 살갗으로 파고든다
미투가 이어지는 불온한 겨울 기상

민심의 울림은 나뭇가지 위의 잔설을 털어 내린다
기다리는 봄은 멀다
봄이 남녘에서 저벅저벅 올라오고 있다는 믿음
차가운 추위를 견디는 이유이다
우리가 살아야 하는 이유이다
고독하게 서서
겨울을 이겨내는 헐벗은 나무
칼바람을 앞세운 밤이 점령한다
창백한 가로등 불빛 어둠을 밀어내도
살을 에는 냉기에는 패잔병처럼 밀려
차갑게 파르르 떨고 있다

공

잉걸불 앞에 앉아 고구마를 구워 먹으면
단맛에 취해 얼굴이 까맣게 그을린 것도 모른다
구수한 냄새가 바람이 되고
지나가던 사람들이 군침을 삼킨다

푸르른 6월 모를 꽂다
논둑에 앉아 새참 바구니를 열면
하지감자가 모락모락 김을 피워 올린다
지나가던 동네 사람들을 불러 막걸리 대접을 부딪치고
하지감자에 김치를 걸쳐 안주로 씹으면
열린 하늘로 내려온 햇살이 쫄깃쫄깃하다

해가 기울어 초저녁 마루에 하루의 피로를 내려놓고
잠시 땀을 닦으면
낯선 아낙이 하얀 접시에 떡을 내민다
이사떡입니다
잘 먹겠습니다

TV를 켜자

밥 퍼요, 거리의 노인들

식판을 들고 줄을 서 있다

밥 익는 거리

둥근 목구멍에 따끈한 국물이 체류하는 계절

칠순 잔치 때 먹은 노란 호박죽은 알고 있다

계절이 전과 같지 않음을

길2

관악대로 135 지나 비산사거리 좌회전입니다
어디로 가고 있나요?
경수대로 56 지나 부흥초삼거리 좌회전입니다
차선이 감소하는 지점입니다
어디로 가고 있나요?
사고 다발 지역입니다
계속 직진입니다
달안로 23 지나 우회전입니다
접촉 사고를 당했던 시청사거리인데 어디로 가고 있나요?
띠링띠링 약 200m 앞 시속 60km 단속 구간입니다
평촌대로 256 지나 학원가사거리 우회전입니다
띠링띠링 길을 잘못 들었습니다
귀인로 159 지나 동안사거리에서 유턴하세요
귀인로 248 귀인아파트 정문 입구 어디로 가고 있나요?
귀인로 369 육교사거리 우회전입니다
신기대로 33 보람초교 앞 어린이 보호구역입니다

스쿨 존 시속 30km 단속 구간입니다

서행하고 있는데 어디로 가고 있나요?

신기대로 33 평촌고가교 좌회전입니다

관평로 23 서울외곽순환고속도로 진입입니다

전 좌석 안전벨트 착용하세요

시속 100km 구간 오른쪽 두 번째 차선을 이용하세요

300m 앞 이동식 카메라 단속 구간입니다

어디로 가고 있나요?

학의 JC 고속도로 출구입니다 우측 방향입니다

오른쪽 첫 번째 차선을 이용하세요

과천봉담도시고속화도로 진입입니다

시속 100km 구간 왼쪽 첫 번째 차선을 이용하세요

사고 다발 지역 곡선 차로에 유의하세요

하행길인데 어디로 가고 있나요?

다음 안내까지 계속 직진입니다

어디로 가고 있나요?

능선과 하늘 사이

　능선과 하늘 사이 누런 흙집을 짓고 마당에 낮달을 심는다

　숲에서 부는 바람 날개를 달고 저공비행으로 계곡을 난다

　날이면 날마다 폭포로 쏟아져 내리는 이야기를 채집하여 뒤란 툇마루에서 재생한다

　멀리 보이는 작은 마을 옛 기억을 떠올리며 지난 연대를 벗한다

　털고 털어 빈 주머니를 아카시아 향으로 가득 채운다

　깊은 밤 똑똑 노크하는 바람 소리 몸을 뒤척이며 잠을 이루지 못한다

산과 산이 돌아앉아 산아 산아, 하 세월을 노래하는 암벽을 오른다

산과 산이 마주 앉아 산아 산아, 흔들어 깨우는 술렁임에 새벽잠을 털고 하루를 시작한다

다도해

불타는 낙조를 보기 위해 줄을 잇는 섬 한 명이 살고 있는 무인도다

낚시로 잡은 갑오징어, 장어 등을 온라인으로만 판매하는 두 명이 살고 있는 무인도다

토사가 쌓여 이루어진 섬으로 여름 바다가 제격인 세 명이 살고 있는 무인도다

해안 절벽이 여인의 가슴처럼 펼쳐져 있으며, 백년초가 군락을 이루고 있는 네 명이 살고 있는 무인도다

팔자가 센 사람은 출입 금지 구역인 여덟 팔(八) 모양의 다섯 명이 살고 있는 무인도다

잘록한 목 부위를 잘라내 치료 중인 여섯 명이 살고 있는 무인도다

바다가 갈라지는 현상이 나타나는 일곱 명이 살고 있는 무인도다

뭍과 멀리 떨어져서 안개에 가린 듯 까마득한 섬으로 여덟 명이 살고 있는 무인도다

멀리서 보면 군함 한 척이 떠 있는 듯 시선을 끄는 아

홉 명이 살고 있는 무인도다

  매년 음력 4월에 열린 바닷길로 사람들의 발길이 잦아지는 열 명이 살고 있는 무인도다

  뱀이 똬리를 튼 듯 구불구불 이어진 열한 명이 살고 있는 무인도다

  주민들은 나무를 심이라고 하여 목섬을 심섬이라고 했다 열두 명이 살고 있는 무인도다

  따오기가 흰 날개를 펼치고 하늘을 나는 섬 열세 명이 살고 있는 무인도다

  거울처럼 물 맑기로 유명한 열네 명이 살고 있는 무인도다

  신선이 노니는 섬으로 누구나 이 섬에 발을 디디는 순간 신선이 된다는 열다섯 명이 살고 있는 무인도다

  주변 경관이 한 폭의 수채화 같아 선녀가 내려와 춤을 춘다는 열여섯 명이 살고 있는 무인도다

비봉산에는 이상한 나라들이 있다

비봉산에는 방울 모자를 쓰고 다니는 꼬마가 있다
새벽녘 아침 안개를 헤치고 헬기에서 내리는 꼬마
꼬마를 따라서 터널을 통과하면
벌과 나비와 꽃이 노래하는 천사의 나라가 펼쳐진다
천사만 사는 때 묻지 않은 나라
천사의 나라에서 기구를 타고 둥둥 날아다니다가
두 번째 터널을 통과하면 홀쭉이 나라가 나온다
육식을 일절 금하고 채식만 하는 나라
나라 전체가 개발제한구역으로 묶여 초가집이 즐비한 나라
날씬한 사람들이 지천으로 널려 있는 나라
채소 시장에는 사람들이 버글거린다
세 번째 터널을 통과하면 앞뒤만 있는 나라가 나온다
좌우가 없는 나라 좌회전 우회전이 없는 나라
모든 도로는 직진이다
로터리가 많은 나라 돌아서 간다
팔이 없는 나라이다

다리로 집고 다리로 쓰다듬고 다리로 사랑도 한다
네 번째 터널을 통과하면 무지개의 나라가 나온다
빨주노초파남보 화려한 나라
다만 하양 검정이 없는 나라이다
혀는 있지만 짧아 말을 할 수 없는 나라
아침 안개가 걷히면 매일 무지개가 펼쳐진다
밤이 없는 나라 낮만 계속되는 나라
창가에 두꺼운 커튼을 쳐야 잠을 자는 나라
마지막 터널을 통과하자 뚱뚱이 나라가 나온다
육식만 하는 나라
빌딩이 하늘을 찌르고
개발제한구역이 해제된 나라이다
정육점이 거리마다 성업 중이다
통통한 사람들이 긴 코트를 입고 뒤뚱뒤뚱 걸어가는 나라
해가 질 녘 서산 노을이 타오르자
꼬마가 헬기로 향하며 방울 모자를 흔든다
꼬마의 퇴근길이 붉디붉다

살아 있는 동안

배낭을 메고
집을 나서
길을 찾겠소

숲으로 가겠소
졸졸
흘러가는 개울물 소리를 듣겠소

한 줄의 시를 읽는 것보다
한 줄의 시를 쓰는 것보다
한 그루 꽃을 가꾸겠소

도심에서 들려오는 경적
찬란한 야경 화려한 유혹
무지갯빛 외투를 벗고
오솔길을 가볍게 걸어가겠소

다급하게 걷는 걸음

잠시 멈추어 서서

천천히 고갤 들어 하늘을 바라보겠소

혀로 둘둘 말아 놓은 말

안으로 삼키겠소

말 없는 잔잔한 호수가 되겠소

새 터 가는 길

꽃을 꺾어 길가에 뿌려
진동하는 향기
팔을 내두르며
하늘만 쳐다보고 길을 서두른다

포물선을 그리며
날아가는 아기 새
나뭇가지 위에서
고갤 끄덕거리며 하늘을 쪼아댄다

둥지를 찾아가는 길
핏빛 상처로 찢기는 아픔을 남긴 채
일렬종대로 핀 상흔
별들이 머물다간 자리 가슴이 쓰리다

횃불을 밝혀 어둠을 밀어
행진곡 소리 거리를 장식한

그 겨울의 기억이 종종걸음으로 따라온다

헤어져 가는 길
눈물을 머금고 철수했어
바다를 넘어
먼 대륙으로 대륙으로
더 큰 꿈의 실현을 위해

흔들어 넘어졌지
흙들이 쏟아지고
사라진 길 위로
아픈 기억만이 차출된 연대
혹한의 계절
밤하늘에 별들이 오들오들 떨고 있다

옥구슬들의 행진

외로울 때 임이 그리운 건
임의 깊은 곳에서 영롱한 빛을 발하기 때문이니
떼를 지어 걸어가는 사람들
가시밭 언덕을 넘고
벼를 베는 들을 건너
바람 부는 나루에 서서
깜박거리는 등대를 바라본다
수평선 너머에 있다고 했지
바람을 거슬러 저항하는 의인들이
병상에서 눈물짓는 아낙
다리 밑에서 온기를 기다리는 나그네
헐떡이며 산을 오르는 노인
세상 물정이 어깨동무하고 흘러간다
물도 돌도 흘러간다
가까이서 보면 눈이 부신 보석들
살을 비벼 온기를 나누는 이웃들
꿈으로 벅찬 내일이 있어

샐녘 여명을 안고 일터로 나간다
해가 기울어 노을을 타고 퇴근하여
가족에게 붉은 낙조를 선사한다
눈을 뜨면 빛나는 옥구슬로 가득하다
오늘을 전송하고 내일을 마중한다
옥구슬들이 행진한다
강물이 흘러간다
굽이쳐 먼 하류로

육각기둥

아파트 숲 사이 우뚝 솟은 타워크레인
함박눈 내리는 사이
사각기둥을 박아 사각 편대 입주 완료
집집이 고구마를 구우며
직육면체의 다부진 꿈을 찍어낸다

눈의 결정 5,000종 이상을 찍은 윌슨 벤틀리
그의 렌즈에 비친 육각기둥 눈의 결정체
눈의 결정이 같은 것은 존재하지 않는다고 했다
세상을 덮은 하얀 눈
신비한 천국의 선물 위에
다시 시작하자

쌓인 눈이 키를 넘으렴
도시와 산천을 덮어보렴
비행기 자동차 기차 사흘만 쉬어보렴
삼일만 하얀 세상에서 살아보렴

폭신폭신한 흰 이불이 깔린 미나리골 지날재 언덕
비료 포대에 앉아 눈길을 미끄러지던
푸른 옛 기억
사각기둥에서 탈출하여 그곳에 귀의한다

구름에서 탄생하여 지면에 낙하하기까지
저마다 역정을 달리하는 송이송이 짧은 생애
직육면체의 익숙한 생을
육각기둥 눈의 결정체 위에 앉혀
나풀나풀 비행시켜 보자
미지의 시간이 미정인 여정
눈이 펑펑 내리는 날의 창가에

지하철 노선도

가슴과 가슴을 이어주는 선

승차한 역에서 어느 노선을 택할까?

최단 거리를 찾아가는 길

이 박자의 진동음이 멈추지 않는다

기적을 울리며 지나치는 급행열차

나의 길은 오늘도 진행형이다

너를 만나 함께 여행하는 내가 선택한 노선

내가 설계한 간이역을 통과 중이다

어디에서 갈아타야 할까?

시간은 더 걸려도 앉아서 갈 수 있다면

창밖 풍경을 배경 삼아

쉬엄쉬엄 먼 길을 돌아가 볼 일이다

객지에서의 해거름 귀가

오늘도 덜거덕거리며 달린다

나는 1호선 친구는 2호선

신도림 환승역을 벗어나

생애를 싣고 달리는 열차

펑펑 쏟아지는 함박눈 사이로

우리가 건너온 속도로

빠르게 멀어져 간다

진단서

냉온대 기후에 허약한 신체
눈 내리는 겨울
코에 코를 달고 샅바 겨루다
힘이 소진된 그로기 상태
오른쪽에서 끌고 왼쪽에서 당긴다

동서가 삿대질로 바람을 가르는 사이
네트를 치고 두 팀이 게임을 즐긴다
이제 물러가다오
차가운 맞바람은
연일 코가 막혀 숨이 차다

낙엽이 지는 계절
지폐가 가랑잎처럼 떨어지지만
빈손만 휘젓는 사람들의 식탁은 쓸쓸하다
누가 그랬나
백화점 불빛이 찬란한 것은

암곡 주공아파트 냉장고 안이 헐렁하기 때문이라고

벽을 사이에 두고 단꿈을 물어오는
우리 아주 가까운 사이지만
겹겹이 온라인 벽이 가로 놓여 전화는 불통인지 오래다
또르르 구슬 구르는 소리
아래층 금이 간 이마 목이 긴 게 죄다

내시경, X-ray, MRI, CT, 혈액 검사 결과
위염, 대장 선종, 계속적인 관찰이 필요
양어깨와 가슴 부위의 통증 안면 홍조 증상
진정제와 진통제를 교차 처방하였다

우울증 환자가 다발적으로 발생하여
자연인을 희망하는바
사람 대 사람이 만나는 정신과적 치료를 계속한다면
꽃 피는 봄 국경선 너머 경주에 참여할 수 있을 것이다

참회록

 바람에 흔들리는 삼대야 바람이 불어도 눕지 못해 몸이 뻣뻣하거든

 머리를 때려보면 둔탁한 소리가 나 그냥 우두커니 앉아 있었거든 울기는 했지 아침마다 이슬이 안면을 타고 줄줄 흘렀으니까 그런 돌이었다니까

 갈매기가 늘 곁에 있는 외딴섬 뱃고동 소리가 들릴 때 사람의 온기를 느꼈어 늘 그리움을 안고 살았지 왜 그렇게 바닷바람이 차가웠는지 살을 에는 찬바람이 불면 몸을 작게 웅크리고 멀리 뭍으로 나가는 꿈을 꾸었어

 물이었어 머물러 있지를 못했어 낮은 곳으로 흘렀지 순리라고 믿었어 물이었다가 수증기였다가 구름이었다가 빗물이었다가 강물이었다가 지상과 지하를 넘나들며 뛰었지만, 결과는 항상 말랑말랑한 물이었어

때로는 알코올이었지 늘 취해 있었으니까 뭔가에 빠져 있었어 '나는 자연인이다' 그분은 자연에 취한 거고

멀리 보지 못해 눈이 약시거든 안경이 없으면 글을 읽지 못해 아주 가까이 있는 것만 보았지 멀리 보면 가물가물했어

빈 도토리 껍질이야 물에 둥둥 떠다니고 있어

창

어머니, 어머니는 알고 계시지요
내 방에 창이 없는 이유를
창문이 있는 방은 창이 없고
창이 없는 방은 왜 창문이 있지요?
어머니, 하늘이 파랗게 보이는 것은
파란 창 때문이라고 말해주세요
오늘도 나의 거리는 안개로 가득합니다
그래도 앞으로 가야 합니다
저 너머에서 애타게 부르는 이
간절하게 손짓하는 이의 곁으로
등기로 보낸 작품은 수신자를 찾지 못해
아파트 단지를 배회하는 중입니다
밤새워 쓴 글은 예선 탈락하여
허공 속으로 날아갔습니다
한 달 전 보낸 이력서는
별이 빛나는 밤하늘 저편에
고이 잠들어 있습니다

날이 가고 날이 오고
오늘의 시간은 왜 이리 고속인가요
어머니, 내 방에 창을 내어주세요
버드나무 한 잎 보이는 작은 창을
호수의 물오리 한 쌍 노닐면 더욱 좋구요
창가에 서면 창이 보이지 않습니다
창가에 서면 풍경이 보이지 않습니다
창밖 하늘로 날아가던 새 떼들이 그립습니다
어머니, 먼 훗날 내 창가에 하얀 구름이 걸리는 날
그건 어머니의 선물이라고 말할 겁니다
오늘도 창이 없는 창가를 마냥 서성거립니다

칠봉이

어머니, 길이 보이지 않아
다리를 건넜을 뿐입니다
아파트가 흔들리고
급기야 사람들이 날아다니네요
사람들이 거리에서 중얼거려요
저보고 하느님이라고 부르고
영도자라고 불러요
그래서 저도 나무를 풀이라고 외치고
아가씨를 아저씨라 부르거든요
아저씨가 치마를 입고 입술을 벌겋게 칠한 채
아! 옛날이여, 를 부르네요
세상이 바뀐 거라고요
서초동에 부는 바람
광화문으로 가고 있어요
서초동은 중국에 있지요
광화문은 미국에 있고요
저는 그걸 믿어 의심치 않아요

저는 뛰는 게 아니고

걷는 거라고요

어머니, 너무 타박하지 마세요

저만 그런 게 아니거든요

돌을 양심이라 부르고

정의를 흑돌이라 불러요

그게 편하거든요

신조어를 아시나요

세상이 바뀌었거든요

어머니, 저의 행동을 이상하게 보지 마세요

밤이 낮으로 바뀌고

낮이 밤으로 바뀌어

거기에 적응 중이거든요

칠봉이 오늘도 세월교 위에서

따봉을 외쳐봅니다

품사론

1 2 3 4 5 6 7 8 9 10 11 12

촛불 대통령 비선 탄핵 탈당 선고 서울구치소 권한대행 선거 당선 청문회 자진 사퇴 강행 임명 태극기 집회 국정원 특수활동비 기각 수감 핵 공포 합동 작전 미사일 유효사거리 사드 국빈 방문 신남방정책 포항 지진 성금
 귀순한 낙엽들 겨울 산에 엎드려 귀 기울이고 있다

투표하다 갇히다 당선하다 선서하다 밀어붙이다 숨다 물리치다 발사하다 떨다 잠수하다 날아가다 방문하다 환송하다
 흔들리는 나뭇가지에 찬 겨울이 걸려 있다

비겁하다 은밀하다 슬프다 답답하다 억울하다 성질나다 캄캄하다 아슬아슬하다 멀다 넓다 무섭다 정확하다 의심하다 두렵다 배고프다
 아픈 사람들이 소리를 지른다

차분히 냉정히 줄줄이 처량히 강력히 흔들흔들 오들오들 사정없이 멀리멀리 빨리빨리 어서어서 두툼히
서늘하게 식은 차를 쟁반에 올린다

자, 지금부터 멀리 본다
참, 너무하네 누가 그걸 모르나
세월이 막혀서, 원
휴, 이렇게 택시가 느리게 가나
여보게! 말 좀 가려서 하게
아, 기다렸던 비가 오네

그는 그들을 그들은 그를 그는 나를 나는 그를 너는 그를 그는 너를 그들은 너를 너는 그들을 그들은 너에게 너는 그들에게 나는 너에게 너는 나에게
그가 우리를 놀라게 한다
그들이 그를 산 밑 서울 집으로 보내 주었다

온갖 궂은 시간이
새 공간에 누더기를 입혀
외딴 반도 허리를 치받을 때
뭇 동네 사람들 뒷짐 지고 장에 간다
지금은 집을 수리하는 중

  바람 불고 흐르는 강물 위 새들 날아갈 제 물고기들 플랑크톤 많은 천해 협곡 찾아 길 나선다

피파 온라인3[1]

오래된 게임 멈출 수 없는 경기

열광과 환호의 기억을 그라운드는 알고 있다

물결을 사이에 두고 롱 킥과 헤딩을 주고받는 시간

연이은 패스 방황의 계절

감독의 신호는 애드벌룬에 가려 잘 보이지 않는다

두 팀의 다른 전술 공의 길이 되고

골인되는 그 순간은 안갯속이다

촛불을 든 관중의 열망과 환성으로

계절과 감독이 교체되는 환절기

고칩시다 지킵시다 강한 바람을 안고

여의도 선수들 뻥 뻥 공을 차댄다

곳곳에서 열리는 게임

한미 FTA 새로운 공을 투입한 후반전

미 선수 감아차기로 코너아웃 시킨다

교체된 선수 검사와 판사 눈을 홉뜨고 상대를 노려본다

---

1 피파 온라인 3(FIFA Online 3)는 스피어헤드(전 EA 서울 스튜디오)가 개발하고 넥슨이 배급하는 온라인 축구 게임이다.

깃발을 흔들며 소리 지르는 팬들
바나나킥으로 날아온 공을
기각으로 처리하자 물러가라 외친다
외면하고 갈팡질팡하는 사이
영장은 발부되고 선수가 퇴장하는 늦가을 시즌
밀리 있는 봄을 기약해 보지만 바람은 차다
결국 창과 방패의 게임이고
참과 거짓의 게임인 줄 알면서도
살아가는 현장에서 어둠을 노래하는 뼈아픈 현주소
날아오는 공에 대한 대책은 전무하다
개인기가 달려 중거리 슛만 날리는 선수들
가쁜 숨결 턱을 치받는다
교체된 손 선수 높이 찬 공 골대 쪽으로 휘어서 날아간다

홍수

2020년 겨울 연일 폭우가 내렸다
상류 댐들이 범람하기 시작했다
붉덩물이 파죽지세로 흘렀다
돼지와 양푼과 무궁화와 어주가 떠내려온다
불의가 정의다, 라는 푯말도 보인다
마스크를 쓴 사람들이 허우적거린다
사자 무리가 둑을 넘고 있다
형조판서 대사헌의 멱살을 잡고 흔든다
사람들 입을 쩍 벌린 채 다물 줄을 모른다
의사당과 형조 건물이 물에 잠기고 있다
살려달라 창밖으로 손을 흔든다
대피 행렬이 어두운 산으로 이어져 있다
붉덩물이 명이라며 성깔을 부린다
불의를 방류한 탓으로 돌리며 주민들의 아우성이 빗발친다
그래도 눈 하나 깜짝하지 않는다
아랫선에 있는 사람들 방으로 물이 들어오기 시작한다

붉덩물은 온 세상을 뒤덮을 기세다
곳곳에서 흙탕물을 뒤집어쓴 사람들이 비명을 지른다
서늘한 여론은 바람처럼 숲을 흔들고 지나간다
돌을 던지는 자
알고 있는가
왜 윗물이 붉은지를
겨울철 폭우 속에서도
대지가 펄펄 끓고 있다
이례적인 계절이다
수상한 계절 아랫물이 붉어지고 있다
물 위에 둥둥 떠서 노 젓는 사공
연신 눈가를 훔치고 있다
TV는 연일 정규 방송을 중단하고
속보로 노아의 방주를 찾고 있다
슬픈 계절은 어디로 가고 있는가

돛단배

양 날개에 바람 자락 거느린 작은 둥지
어머니의 부름인가 갈매기 울어대고
미지의 섬을 향하여 작은 꿈을 투망한다

산척촉 분홍 물결도
끓는 가슴 가쁜 호흡도
갈잎의 노래 그늘도
혹렬했던 눈보라도
뱃고물 소용돌이 속으로 흘러갔네

점점 멀어지는 뭍이여
뿌연 안개 앞을 가리면
나침반에 길을 묻다
먼바다를 표류했었지
그리운 작은 온기
벌건 불씨로 타오르네

성난 바다 거친 물살

생명의 몸짓인가

깜박거리는 등대

반가운 푯돌이었지

누리호 연초록 뜰

거품 너울 가르네

해설

서사와 서정의 절묘한 균형, 그리고 '강'과 '산'
— 박규현 시집 『강은 후진하지 않는다』에 대하여

김재홍 시인·문학평론가
(가톨릭대학교 초빙교수·국민대학교 강사)

돛단배를 탄 시인

시인은 노래하고, 소설가는 이야기한다고 합니다. 시인의 감각은 세계를 내면의 거울에 비추고, 소설가의 감각은 그것을 사건의 연쇄로 엮는다고 합니다. 시인들의 서정은 시간을 현재화하고, 소설가의 서사는 그것을 과거화한다고 합니다. 문학이라는 한 울타리 안에 있으면서도 시인과 소설가는 완전히 다른 방식으로, 전혀 다른 세계를 살아갑니다. 서정에의 몰입과 서사 욕망의 분출은 그런 점에서 한 사람의 문인이 감당하기에는 너무나 넓은 대지라고 하겠습니다.

그런데 우리 문단에는 가끔 이 둘을 다 섭렵하는 분들이 있습니다. 시인으로 등단해 소설가로 대성한 분들이 있는가 하면, 소설가로 데뷔해 시인으로 활약하고 있는 분들도 있습니다. 또 시와 비평, 소설과 비평을 겸영하는가 하면 시와 소설과 비평을 모두 감당해내는 분들도 있습니다. 광대한 서정과 서사의 경계를 일거에 무너뜨려 버리는 이들의 활약에 때로는 놀라움을 넘어 경외감이 들기도 합니다.

이와 같은 경계 허물기는 문학 안에서만 일어나는 일이 아닙니다. 니체(Friedrich Nietzsche, 1844~1900) 전집에 시집이 별도로 포함되어 있다거나, 데리다(Jacques

Derrida, 1930~2004)가 스스로 작가를 꿈꾸었다고 표명한 사실만 아닙니다. 아인슈타인(Albert Einstein, 1879~1955)이 공연을 펼칠 만큼 수준 높은 바이올린 연주자였다는 사실을 포함해 인간의 역사에는 양식의 경계를 무의미하게 만든 여러 대가들이 등장했고 또한 등장할 것입니다.

그런데 실은 양식의 본성과 성질이 완연히 구별되는 탓에 이들의 겸영과 경계 허물기가 각 분야를 균등하게 나누지는 못하는 것 같습니다. 시에 중점을 둔 분들이 있는가 하면, 소설에 방점을 찍은 분들이 있어 보입니다. 마찬가지로 비평에 초점을 둔 시인 겸 소설가가 있고, 소설에 핵심을 둔 시인이자 비평가가 있는 것 같습니다. 니체와 데리다는 시인이나 작가라기보다 철학자라 해야 할 것이고, 아인슈타인은 역시 바이올리니스트라기보다 과학자라고 하겠습니다.

그런 점에서 무려 47쪽에 달하는 장시(「강」)와 모두 열 편의 연작시(「산」)를 포함하고 있는 박규현의 시집 『강은 후진하지 않는다』는 매우 의욕적인 양식 주유하기의 성과라고 할 수 있습니다. 그것은 또한 매우 노련한 도전이자 실험이기도 합니다. 의욕적이면서도 노련하다고 하는 것은, 그가 근본적으로 시詩라는 양식 안에서 대단히 이질적인 양식적 간격을 좁혀내고 있기 때문입니다. 그는 굳이 무너뜨리거나 허물지 않아도 된다는 듯 시로써 서정과 서사를 절묘하게 통섭하고 있습니다.

「강」은 7편으로 이루어진 장편 연작시입니다. 시간의 흐름을 따라 수많은 이야기가 내장된 강렬한 서사를 배경으로 한 시대의 표정들이 세밀하게 묘사되어 있습니다. "강은 후진하는 방법을 모르고 있었다"면서 "돛단배를 탄 기분이 꽤 쏠쏠했다"고 밝힌 「작가의 말」부터 의미심장합니다. 그는 말합니다. "지나간 연대 가끔 끄집어내어 강어귀에 풀어놓았다" 그런데 그 연유가 무엇입니까. "살아야겠다"입니다. 랭보(Arthur Rimbaud, 1854~1891)의 그것과 같이 '돛단배'를 탔을 망정 '살아야겠기'에 그는 강을 찾은 것입니다. 그러므로 우리는 박규현의 강을 통하여 우리 시대를 반추하는 것입니다.

주지하다시피 시사詩史에는 '강'을 소재로 한 시가 수없이 많습니다. 강은, 저 노자(B.C. 571?~B.C. 471?)『도덕경』의 상선약수上善若水에서부터 「공무도하가」와 정지상(?~1135)의 「송인」送人, 맹사성(1360~1438)의 「강호사시가江湖四時歌」를 거쳐 박규현에 이르기까지 셀 수 없이 많은 '물'의 표징을 남겨놓았습니다. 그 가운데에는 서사를 포함하고 있는 연작시도 적지 않습니다. 김동환(1901~?)의 「국경의 밤」, 구상(1919~2004)의 「그리스도 폴의 강」, 신경림(1935~2024)의 「남한강」, 김용택(1948~)의 「섬진강」 등 박규현의 「강」에 이르는 긴 시간이 물과 함께 흘렀습니다.

　박규현의 '강'이 특별한 점은 그것이 오직 '물'로만 이루어진 세계가 아니기 때문입니다. 거기에는 "우리를 출산했던 분 / 고통을 안으로 숨기고 / 한 하늘을 인 채 / 견고한 바위로 누워 / 시대를 넘어 / 한을 노래"(「산 1」)하는 산이 있습니다. 결코 가볍지 않습니다. 모두 열 편의 '산'이 있습니다. '강'이 하강의 직진성을 의미한다면, '산'은 상승의 직진성을 표상합니다. 하강과 상승의 수직성은 모두 불가역적인 것입니다. 유한자有限者인 인간의 무기력은 오래도록 상승과 하강을 반복해 왔던 것입니다. 박규현은 그래서 산을 통해 "신개척지에 말뚝을 꽂는 환희의 코스 / 껍질을 벗겨내는 푸른 공간"(「산 10」)이라고 표현할 수 있었던 것입니다.

　우리는 모두 산에서 태어나 돛단배를 타고 물길을 따라 나부끼며 흘러가는 존재들입니다. 산은 모든 것을 품어내면서도 아무 말 없이 고고하고, 강은 때로 우르쾅쾅 소리치거나 때로 소곤대면서 낮고 낮게 흘러갑니다. 우리는 더 이상 우리 아래에 아무것도 남아 있지 않는 순간이 올 때까지 작아지고 작아져서 마침내 한 점이 됩니다.

시간, 영원한 노스탤지어

「강」의 도입부 제1편을 보겠습니다. 모두 79행에 이르는 장쾌한 시입니다.

> 물오른 계절 생명의 날갯짓 물결로 출렁거렸지
> 바람결에 언뜻언뜻 묻어나는 지난겨울의 설경
> 설레는 가슴으로 꿈꾸었어
> 막연한 꿈이었어
> 산을 넘으면 큰길이 있을 거라고
> 소재지를 지나면 빌딩이 우거진 도시가 있을 거라고
> 너울거리는 아지랑이 사이로 보였어
> 어렴풋한 푸르른 그림이
> 여러 가지 풍경들을 호기심으로 동경했지
> 그건 가끔 먹는 간식으로 마음의 벤치에 여유를 주었어
> 강은 거기서 비롯되었어
> 묵방산 밑 미나리골을 나와
> 평사리천 둑에 걸터앉아 있으면 벌건 노을 위로
> 나의 강이 팔딱거리며 숨을 쉬었어
> 생동하는 계절
> 만물이 때를 만나 기운을 충전하는 시기
> 딱지치기, 낚시하기, 풀베기
> 계절의 한가운데에서 바쁘게 시간을 조각내었어
> 교과서와 전과는 윗목에 고이 모셔놓고
> 산으로 가면 산이 되고
> 강으로 가면 강이 되었어
> −「강」 제1편 부분

시인은 지금 불가역적인 시간을 거슬러 오르고 있습니다. 보이십니까. 묵방산 평사리천 미나리골의 한 어린이가 말입니다. "교과서와 전과는 윗목에 고이 모셔놓고" 산으로 가서 산이 되고, 강으로 가서 강이 되는 어린이입니다. 지도를 펼쳐놓고 전주와 완주, 진안과 임실에 각각 점을 찍은 다음 그 한가운데를 보면 묵방산이 보입니다. 아이는 거기에서 태어나 "여러 가지 풍경들을 호기심으로 동경"하며 자랐습니다.

  그런데 이 때를 박규현은 '나의 봄'이라고 말합니다. "나는 가련다, 나의 봄으로 / 나는 노래하련다, 나의 봄을". 돌이킬 수 없는 시간과 관련하여 우리가 "내 기억의 스펙트럼 속으로" 돌아가는 마음을 노스탤지어라고 말합니다. 우리가 만일 영원히 회귀하고 싶은 곳이 있다면, 그것은 바로 '나의 봄'이라고 하겠습니다. 불가항력의 시간은 너무나 차갑고 차갑습니다. 시간은 우리 인간의 삶에서 가장 비인간적인 저주이자, 그래서 너무나 인간적인 영원회귀의 열망을 표상합니다.

  이처럼 박규현은 '나의 봄'을 노래합니다. "초등학교에 가도 앞산 뒷산 / 집으로 돌아와도 앞산 뒷산"에 살던 어린이는 '산사람'이었습니다. 그러나 산이 높으면 골도 깊은 법입니다.

순전히 타의에 의한 것이었어 나의 강은
달려가 보니까 학교였고
낚시를 던져보니까 나의 강이 거기 흐르고 있었어
유영하는 물고기의 형상으로
나의 강은 내가 살아있다는 오직 그것
그게 전부였어
부모 밑에서 그림자로 한들거리는 것
그게 내 선택의 전부였어
아지랑이 너울거리는 강가
나의 작은 돛단배는 물결을 가르며 앞으로 나아갔지
―「강」 제1편 부분

  '산사람'인 어린이는 강을 만났고, 그 강을 따라 흐르고 흘렀습니다. 그가 탄 배는 물론 돛단배였지만, 무동력의 그 배는 물길을 거스르지 않으면서 앞으로 앞으로 나아갔습니다. 여기서 강물의 불가역적인 하강이 시간의 직진성과 절묘하게 결합되는 게 보이시나요. 박규현의 내면이 이토록 간절합니다. 그와 함께 우리도 시간의 저주와 영원회귀의 열망 속을 진동합니다. 사람이 태어난 이래 저 먼 태곳적부터 단 한 번도 바뀌지 않은 이 진동의 역사가 인간의 숙명입니다. 박규현이 그것을 뼈저리게 인식하고 있음은,

그래도 포기할 수는 없는 거라고
이빨 사이에 지그시 작은 희망을 물고
그뿐이었어
나의 계절은
−「강」 제1편 부분

위와 같은 제1편의 결구에 이르러 명확하게 나타납니다. 어떻습니까. 산에서 태어나 강을 타고 흘러가는 우리들의 너나없이 평등한 삶이 보이시나요. 그러니까 박규현의 대작 「강」은 처음부터 우리 인간들의 매우 보편적인 삶의 차원을 시정詩情으로 드러내는 데 성공하고 있는 것입니다.

연이어 제2편에서 제6편에 이르기까지 인생지사 신산고초가 유장한 가락을 타고 흐릅니다. 책보를 "대각선으로 등에 멘" 중학생이던 그가 책 속에 길이 있다고 믿으며 "오로지 꿈을 위하여"(「강 2」) 달려가는 모습이 보입니다. 비록 가난했지만("궁색한 형편", "잔고는 바닥이었지만") 그는 쉬지 않고 달렸습니다. 그리고 청춘의 봄 쓰라린 사랑을 하기도 했습니다. "사랑을 찍어 쓴 편지는 곱게 접어 / 책갈피에 넣어 그녀에게 전달했건만 / 답장은 오지 않았어"(「강 3」). 그러나 다시 쉬지 않고 달렸습니다.

가난은 지긋지긋했습니다. "일터에서 한숨이 나올 때마다 / 부양가족의 얼굴이" 떠올랐습니다. 한 마디로 "올면서 웃는 척했"습니다. 그때마다 다짐했습니다. "우리들의 강은 시야에 다 들어오지 않았으니까 / 아이들의 따뜻한 손을 절대 놓지 마". 그는 비록 "지나온 길을 회상할 여유도 없"(「강 4」)는 삶을 살아왔지만, "바람을 업은 벼들이 물결처럼 출렁거리는 상상을 하며 … / … 조금만 참고 견디면 / 눈 부신 태양이 우리 집 창가에 내려앉을" 것이라 믿었습니다.

그리고 어느덧 황혼에 도달했습니다. "낙엽이 구르는 거리 / 등에 업힌 바람 어디로 가나"(「강 5」) 묻게 되는 순간이 다가왔습니다. 그리하여 "이제는 일어나 강둑을 걸어가야지 / 지팡이로 풀숲을 헤치며" 다시 랭보를 만납니다. "무슨 이유가 있겠는가 / 살아야겠네! 오래오래" 박규현만 아니라 우리 모두의 삶은 혹독한 것입니다. 비관주의자나 염세주의자라서가 아닙니다. 시간에 대하여 무기력하고, 공간에 대하여 무능력한 인간은 근원에서부터 부실한 존재이며, 때문에 우리는 쉬지 않고 기도하는 것입니다("밤의 정령들이 꿈꾸며 수런거린다").

어떻습니까. 이만큼만 해도 박규현의 「강」이 보여주는 유장한 가락이 머리를 때리고 가슴을 짓누르지 않으십니까. 선연한 피의 냄새까지 나는 듯합니다. 그러나 그의 황혼은 "느리게 흐른다고 조르지 말고, / 거세게 출렁이지 않는다고 탓하지 말라"(「강 6」)고 합니다. "에야 디야 에야 디야". 완숙한 초탈이 보입니다. 이렇게 시는 때로 의미가 아니라 리듬으로, 실사實辭가 아니라 허사로 번뜩이기도 하는 것입니다. 그렇기에 "조용히 보내는 한 시절 / 이유도 없이 떨어지는 낙엽에 눈시울이 뜨거워진다"는 시행에 이르러 주체할 수 없는 공감의 탄식을 내뱉게 되는 것입니다.

    서사와 서정의 양식 주유하기로서 「강」의 결구는 이렇습니다.

> 폭설이 내린 세상
> 급강하하는 기온
> 절실한 한 줌 햇빛
> 세상 밖으로 손을 내민다
> 친구의 온라인 부고장
> 그리운 사람은 말이 없고
> 우정 위에 실린 사람은 입이 탄다
>
> －중략 －
>
> 밖은 영하 10도
> 쌓인 눈 위에 눈발이 거세다
> 미을과 도시와 산이 묻혀 고요하다
> 강물이 흐르고 있다
> 얼음장 밑으로
> －「강」 제7편 부분

확실히 의욕적이면서 노련하다고 하겠습니다. 저 묵방산 평사리천 미나리골에서 시작된 '강'은 여전히 쉬지 않고 흐릅니다. 비록 얼음장 밑일 망정 강은 사람을 품고, 마을을 품고, 산을 에돌아 흘러가는 것입니다. 산으로 가서 산이 되고 강으로 가서 강이 되던 어린 시절부터 세상의 신산고초를 모두 겪고 황혼에 이르러 친구들의 부고를 받는 때가 되었지만, 그는 압니다. 강은 쉬지 않고 흐른다는 것을요. 박규현은 이렇게 서정과 서사를 시 양식 안에서 통섭하고 있습니다.

에야 디야 에야 디야

'강'을 보았으니, 이제 '산'으로 갑니다. 박규현의 『강은 후진하지 않는다』가 담고 있는 또 다른 노작이 모두 열 편에 이르는 「산」 연작입니다. 그런데 형식이 약간 다릅니다. 「강」은 한 편의 시를 7마디로 나누어 썼고, 「산」은 낱편이 10마디입니다. 하나의 그릇에 담긴 일곱 가지 시정과 열 그릇에 담긴 제각각은 다른 것입니다. 연속성과 불연속성이 이와 같은 형식의 차이에서 비롯됩니다. 그것은 강물이 끊김 없이 흘러가는 모습과 산이 저마다 봉우리를 이루고 있는 모습의 표상처럼 보입니다. 물론 이 또한 자연 대상의 본성에 부합하는 박규현의 노련한 시적 경영이라고 하겠습니다.

맨 처음 우리는 저 높은 곳에서 태어났습니다. 산을 넘어 천상의 어느 빛나는 궁전에서 살다가 그만 알 수 없는 어떤 이유로 이 지상에 내려왔습니다. 박규현이 이를 분명히 인식하고 있음은, "한 하늘을 인 채 / 견고한 바위로 누워 / 시대를 넘어 / 한을 노래한다"에서 알 수 있습니다. 이를 자세히 보겠습니다.

> 우리를 출산했던 분
> 고통을 안으로 숨기고
> 한 하늘을 인 채
> 견고한 바위로 누워
> 시대를 넘어
> 한을 노래한다
> 돌아앉아 먼 산을 바라보는 분
> 세태를 털고
> 새로운 꿈을 노래하는 분
> 솔가지 사이로 들려오는 가느단 음성
> 귀에 익은 어머니의 음성
> 늘 미소로 일과를 시작하는 분
> 품속의 숲 곤한 잠으로 빠져든다
> ─「산 1」 전문

산은 고고孤高합니다. 우리가 세상을 살며 산을 오르는 것은 그가 고고하기 때문입니다. 수직의 정점에서 가가호호 우리들의 거처를 보았을 때 느끼는 초월의 심상이 '산' 이미지에 들어 있습니다. 그것만이 아닙니다. 이처럼 "우리를 출산했던 분"이라는 귀의처로서의 원형이 있기 때문입니다. '강'이 흐르고 흘러 우리가 나아가는 물길이라면, '산'은 우리를 낳고 우리를 굽어보는 생의 근원이라는 인식이 이 작품에 있습니다.

수평의 땅을 모든 생명의 어머니로 보는 동서고금의 오랜 통념적 시각이 여기서 역전됩니다. 박규현은 수직의 산, 그것도 '견고한 바위'로 굳은 몸을 어머니라고 명확히 밝히고 있습니다. 이와 같은 인식론적 전환은 물론 '강'이라는 수평적 흐름을 장쾌한 서정-서사로 다룬 귀결이겠습니다. 그리하여 자신을 낳은 원형으로 돌아가 그것을 탐색하고, 그것을 그리워하고, 그것을 간절히 염원합니다. "귀에 익은 어머니의 음성 / 늘 미소로 일과를 시작하는 분", 우리는 그분을 영원히 잊을 수 없는 것입니다.

그것은 이어지는 다른 시편들에도 나타나고 있습니다. "하늘이 열리고 / 길이 펼쳐져 / 나를 아득한 곳으로 데려갑니다"(「산 2」). "어르신, 수천 년 생명으로 남아 / 비바람을 견딘 / 산정의 모진 기억들이 회한의 이름으로 / 오늘도 나뭇가지 흔들거린다"(「산 5」). 그렇습니다. 산이 그리워 산을 간절히 염원하다 보면 어느새 산이 되기도 하는 것입니다. "산 밑에 산이고 산 위에 산이다 / 스틱을 잡고 산을 오르면 어느새 나는 산이 되어 있다"(「산 9」)처럼 말입니다.

그런데 탄생의 원형인 산이 다시 한 번 의미상의 역전을 만납니다. 그것은 다음과 같습니다.

> 북풍을 막아
> 둥지를 보수하는 아버지
> 바람 멈추어다오
> 아버지의 작업을 위하여
>
> 별 노래해다오
> 부드러운 자장가를
> 아버지의 잠을 위하여
>
> 아버지는 잠결에 듣고 있다
> 거리로 나온 시위 군중들의 함성과
> 굶주린 노동자들의 새벽 아우성을
> 그리고 속삭이는 연인들의 밀어를
>
> 아버지는 승용차를 몰고
> 산으로 출근
> 각개전투로 포복하다
> 산으로 누워 있다
> ─「산 3」 전문

우리는 산에서 태어나 강 물결을 따라 살아가다 때가 되면 산으로 돌아갑니다. 탄생지가 귀의처가 되는 것입니다. 박규현의 이와 같은 생각은 「산 6」에도 보입니다. "산이 그리워 / 세상이 그리워 / 오르락내리락 내 생애가 저문다". 그렇지 않습니까. 우리는 다시 산으로 올라야 하는 것입니다. 산을 타고 산을 넘어 마침내 천상의 그 궁전으로 돌아가야 하는 것입니다. 그리하여,

> 오늘도 평안한가 흙에서 보내온 긴급 타전
> 이어폰을 꽂고 말없이 통화한다
> 새벽이 열리면 아침을 쪼아 꿈을 키우고
> 해가 지면 날개를 접고 단꿈을 꾸는 새들
> 숲에 주저리주저리 내걸리는 새들의 퍼덕거림
> 오늘도 가까운 새 떼들에게 귀순한다
> 걸음마다 조금씩 비상하는 생애
> 넓적 바위 부근에서 걸어온 길을 반추한다
> 걸음걸음 뒤에 남기는 발자국들
> 파일 이름이 달라 덮어쓰기 할 수 없어
> 다른 이름으로 저장한다
> 최신 버전 푸른 숨결 앞세우고
> 바람이 눕는 길을 찾아서
> 햇빛 둥근 하루를 따라간다
> ─「산 10」 부분

이처럼 서로의 안부를 물으며, 서로 어깨를 도닥이며 가장 낮은 곳에서 가장 높은 곳으로 돌아가야 하는 것입니다. 하늘을 나는 새 떼들에게 경의를 표하며 "걸음마다 조금씩 비상하는 생애"가 되어야 하는 것입니다. 어떻습니까. "바람이 눕는 길을 찾아서 / 햇빛 둥근 하루를 따라" 가는 박규현의 넓고 높은 등이 보이십니까. 산은 이렇게 박규현의 시적 열정 속에서 우리 모두가 태어나고 돌아가야 할 성소聖所로 규정되었습니다.

박규현은 「강」 제3편에서 이렇게 말했습니다. "달빛을 헤치며 / 에야 디야 에야 디야". 또 「강」 제6편에서도 다시 한 번 "에야 디야 에야 디야"라고 말했습니다. 만일 우리가 그의 '강'과 '산'을 통해 시간의 의미와 인간 존재의 현실을 자각할 수 있었다면, 아마 우리도 '에야 디야 에야 디야' 초월의 가락을 타게 될 것입니다. 슬픔도 기쁨도 잊어버리고 고독도 회한도 묻어 버린 채 흥에 겨운 듯 슬픔에 겨운 듯 두 팔 들어 하늘을 향해 덩실덩실 춤을 출 것입니다.

내 숨결인지 아시는지요

그것이 다가 아닙니다. 『강은 후진하지 않는다』가 '강'

과 '산'이라는 근원적 이미지를 통해 서사와 서정의 절묘한 균형을 이룩했다는 것만 보아서는 안 됩니다. 이밖에도 다양한 삶의 편린들과 시적 자아의 애상의 그림자가 수없이 어른거립니다. "밤의 창가로 한 걸음 다가가 / 가만히 귀를 기울입니다"(「모든 것은 음악 소리를 낸다」)라는 예민한 감각이 있는가 하면, "별이 반짝거리고 있는 것은 / 우리의 영혼이 속삭이고 있기 때문"(「별」)이라는 섬세한 떨림이 있습니다.

  그 가운데,

> 가네 가네
> 우리 난쟁이
> 대한해협 굽어보며
> 휘청휘청 걸어가네
> 물결치는 북태평양 해변으로
> 갈매기 날고
> 두 쪽 어두운 구름 떠가네
> 총 맞은 그날의 영상
> 아련한 흔들림으로 다가오고
> 흉터 자리 푸르러 푸르러
> 지금은 우북한 숲이 되어
> 번지를 알 수 없는 바람 소리 들리네
> 가쁜 숨결 앞을 막아서
> 가녀린 손끝 가슴에 얹고
> 철조망에 기대어

>   파랗게 색칠할 꿈을 꾸네
>   꿈틀꿈틀 요동하는 두만강
>   －「난쟁이」부분

라는 결코 작지 않은 '난쟁이'들의 나라에 대한 사랑이 있는가 하면, "임이여 / 사랑하는 임이여 / … / 임의 포옹 속 따뜻했던 혈기는 / 내 가슴 속 불씨로 타오르고 있습니다"(「임」)라는 데 이르러서는 만해나 소월이 남긴 '임'의 웅숭깊은 민족적 정한情恨까지 보이기도 합니다. 그리고,

>   이 시린 바람 삭정이만 흔들다
>   선잠 든 한반도 치마 깃을 후리며
>   속살을 헤집고
>   성긴 눈발 흩뿌린다
>   우리 아버지 참선하는 동네
>   대동강 물비린내 바람결에 드문드문
>   남으로 가자
>   둥지 차고 비상하는 반가운 날갯짓
>   제 길 찾은 바람 떼 지어 간다
>   물어뜯는 냉기 속에서
>   간혹 젖니로 간질이는 숨결
>   토라졌다 다소곳이 돌아앉는 북풍이여!
>   아버지의 나라
>   아버지의 무덤가 금잔디 마른풀 부스러기
>   하나둘 눈발 속으로 보인다
>   －「북풍」전문

여기에 이르면 박규현의 '의욕적이며 노련한' 시적 열정이 궁극적으로 서정의 지평으로 수렴된다는 것을 알 수 있습니다. 어느덧 70년을 넘어 100년에 가까워지는 분단의 시간에도 "대동강 물비린내 바람결에 드문드문" 솟아오르는 것을 느끼며, "남으로 가자 / 둥지 차고 비상하는 반가운 날갯짓"을 감각하기 때문입니다. 박규현이 지난 세기 대립의 역사를 또렷이 기억하고 있음을 알 수 있게 하는 이와 같은 시편으로 인하여 우리는 그가 "내 숨결인지 아시는지요"(「임」)라고 절규하는 심사를 여실히 느낄 수 있습니다.

    햇살이 미끄럼 타는 고개
    미나리골 사람들 노란 발자국 보인다
    한 마리 등 굽은 낙타여
    솔바람 향기 땀 냄새로 묻어오는 고개
    지날재에 팔팔 뛰는 물고기를 보아라
    흰 보습 닦고 닦은 마음의 보금자리
    얼룩무늬 청년들이 오르고 있다
    푸른 등 위에서
    꿈들이 전시회를 벌인다
    탐스러운 열매를 따기 위한 포크댄스다
    메아리로 마주 바라보는 사람들
    정열이 꺼끔해지면

곱게 여울지는 황혼을 따라
낮아진 어깨를 간신히 추스르다가
흰머리 빗어넘기며
황홀한 고향을 찾아
쓸쓸히 고개를 넘는다
—「지날재」전문

  여기 이번 시집의 또 다른 가작이 보입니다. 미나리골 사람들의 노란 발자국이 보이고(과거), 얼룩무늬 청년들이 보입니다(현재). 또한 황홀한 고향(미래)을 찾아가는 우리들이 보입니다. '강'이나 '산'과 또 다른 이미지입니다. 어쩌면 둘 사이를 가로지르는 진정한 통섭의 '고개'라고 할 수도 있습니다. 우리는 고개를 넘어 산으로 가고, 고개를 넘어 강으로 갑니다. 지날재를 넘지 않고서는 미나리골 사람들은 산으로도 강으로도 갈 수 없습니다. '고개'는 시간(역사)의 분절이면서 동시에 연속인 것입니다. 그렇게 우리는 대를 이어왔고, 또한 이어갈 것입니다.

  『강은 후진하지 않는다』제4부의 시편들은 일상의 소묘이자, '우리 땅'에 대한 그윽한 사랑의 깊이로 넘실대고 있습니다. "반도의 만년빙에 봄은 오는가 / 팔다리가 부러져도 / 빙산에서 내리는 한 줌 햇살 그리워 / 동트는 새벽을 기다린다"(「1980년」)라는 시가 있는가 하면, "잉걸불 앞에 앉아 고구마를 구워 먹으면 / 단맛에 취해 얼굴이 까맣게 그을린 것도 모른다"(「공」)라는 작품이 있습니다. 또 "산과 산이 마주 앉아 산아 산아, 흔들어 깨우는 술렁임에 새벽잠을 털고 하루를 시작한다"(「능선과 하늘 사이」)는 대목도 보입니다. 그리고,

> 비봉산에는 방울 모자를 쓰고 다니는 꼬마가 있다
> 새벽녘 아침 안개를 헤치고 헬기에서 내리는 꼬마
> 꼬마를 따라서 터널을 통과하면
> 벌과 나비와 꽃이 노래하는 천사의 나라가 펼쳐진다
> 천사만 사는 때 묻지 않은 나라
> 천사의 나라에서 기구를 타고 둥둥 날아다니다가
> 두 번째 터널을 통과하면 홀쭉이 나라가 나온다
> 육식을 일절 금하고 채식만 하는 나라
> 나라 전체가 개발제한구역으로 묶여 초가집이 즐비한 나라
> 날씬한 사람들이 지천으로 널려 있는 나라
> 채소 시장에는 사람들이 버글거린다
> 세 번째 터널을 통과하면 앞뒤만 있는 나라가 나온다
> 좌우가 없는 나라 좌회전 우회전이 없는 나라
> 모든 도로는 직진이다
> 로터리가 많은 나라 돌아서 간다
> 팔이 없는 나라이다
> 다리로 집고 다리로 쓰다듬고 다리로 사랑도 한다
> 네 번째 터널을 통과하면 무지개의 나라가 나온다
> 빨주노초파남보 화려한 나라
> 다만 하양 검정이 없는 나라이다
> 혀는 있지만 짧아 말을 할 수 없는 나라

아침 안개가 걷히면 매일 무지개가 펼쳐진다
밤이 없는 나라 낮만 계속되는 나라
창가에 두꺼운 커튼을 쳐야 잠을 자는 나라
마지막 터널을 통과하자 뚱뚱이 나라가 나온다
육식만 하는 나라
빌딩이 하늘을 찌르고
개발제한구역이 해제된 나라이다
정육점이 거리마다 성업 중이다
통통한 사람들이 긴 코트를 입고 뒤뚱뒤뚱 걸어가는 나라
해가 질 녘 서산 노을이 타오르자
꼬마가 헬기로 향하며 방울 모자를 흔든다
꼬마의 퇴근길이 붉디붉다
―「비봉산에는 이상한 나라들이 있다」 전문

  이와 같은 절정의 또 다른 국면이 보입니다. 참으로 이상한 나라입니다. 仙동자인 듯 '꼬마'를 따라 터널을 통과하다 보면 실로 이상한 격변의 나라가 보입니다. 터널 하나가 차원 변화의 계기가 되는 나라들, 그 나라에 살고 있는 사람들이 바로 우리입니다. 우리에게 부끄러움이 있다면 그것은 이 나라의 것이고, 우리에게 자부심이 있다면 그 또한 이 나라의 것입니다. 우리가 바로 '나라'이기 때문입니다. 우리 조상들이 살다 갔고, 우리 자식들이 살아갈 '나라'입니다. 어떤가요. 이만하면 박규현의 시적 크기가 시―공간과 함께 실로 넓디넓지 않습니까.

이상이 해설자의 독후감입니다. 79편에 달하는 분량도 그렇지만, 47쪽에 달하는 대작「강」과 열 편의「산」 연작이 있는 『강은 후진하지 않는다』를 모두 다루었다고 할 수는 없습니다만, 서사와 서정의 절묘한 균형 속에서 폭넓은 시적 탐색과 의욕적이면서도 노련한 시적 경영이 보여주는 맛과 멋은 어느 정도 다루었다고 하겠습니다. 앞으로 박규현의 시 세계를 입체적이고 종합적으로 다루는 기회가 오기를 바라며, 그가 우리에게 보여준 시공간을 이제부터 마음껏 누리시길 소망합니다.